押さえておきたい基本がわかる

介護職のためのマナー・接遇入門

古川智子 著

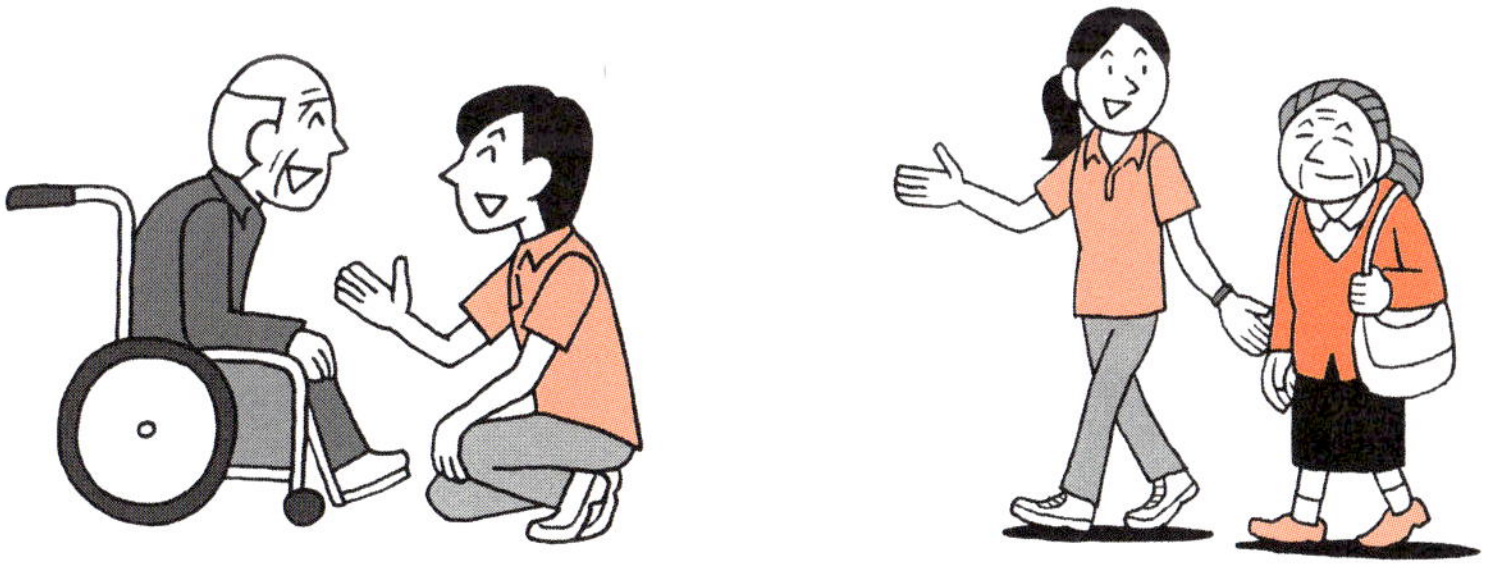

中央法規

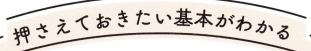

はじめに

「介護職になりたてで、不安がいっぱい…」
「利用者・家族からのクレームで落ち込んだ…」
「マナー・接遇の指導役を頼まれたけど、何から教えれば…」
「別業界だけど、高齢者への対応を知りCSを高めたい…」
「家族を介護する人と、介護を職とするプロとの差はどこにあるの…」

本書は、介護現場で働く皆さんのそんな不安や疑問を 解消するものです。

①「介護職になりたてで、不安がいっぱい…」

不安なのは、介護現場の仕事のイメージが沸かないからです。
本書では、介護職の心構えから、利用者・家族とのかかわり方のポイントを、イラストやマンガを多く用いながら、わかりやすくまとめました。職場内でのマナーも学ぶことができます。読み進めることで、仕事に対する不安が和らいでいくことを実感できるでしょう。

②「利用者・家族からのクレームで落ち込んだ…」

クレームを受けると、悲しい気持ちになり、仕事を続けていく自信がなくなってしまうことがあります。本書では、クレームを防ぐため、あるいは起こさないための、マナー・接遇の基本から学ぶことができます。また、利用者や家族の感情を知ることで、クレームに対する心構えもできて、自分の心も守れます。

③「マナー・接遇の指導役を頼まれたけど、何から教えれば…」

まずは、自分のマナー・接遇を振り返ってみましょう。そのうえで、組織のマナー・接遇を向上させるためには、表面的なことだけではなく、接遇の本来の意味である「心を込めて接すること」つまり〃心〃が大切であることを、本書から学んでいただければと思います。

④「別業界だけど、高齢者への対応を知りCSを高めたい…」

高齢化が進む日本では、高齢者がよく利用する施設（医療・行政・商業）、交通機関等、高齢者への対応が求められる業界がたくさんあります。本書では、高齢者へのマナー・接遇をしっかりと学べることに加え、高齢者の特徴や感情のしくみを理解することができるため、CS（customer satisfaction、顧客満足または顧客満足度）向上にも役立ちます。

⑤「家族を介護する人と、介護を職とするプロとの差はどこにあるの…」

本書では、介護のプロがどのような心構えで介護と向き合い、マナー・接遇を身につけているのかを客観的に学ぶことができます。それにより、感情をコントロールできるのが真のプロなのだということに気づけるはずです。

このように、本書を通じてさまざまな不安や疑問を解消するお手伝いをしたいと考えました。特にコロナ禍では、多くの介護職の方々が大変なご苦労をされてストレスがかかる状況で、介護をされている姿を目の当たりにしました。緊張感の中での懸命な介護に心より敬意を表させていただきます。

少子高齢化が進む日本。長いコロナ禍を経て、今、さまざまなことに、不安に抱えている人が多く存在しています。人はこのような状況下では、周りの人の言葉や態度に非常に敏感です。最近よく耳にする「カスタマーハラスメント」（暴行・脅迫・暴言・不当などの要求といった、顧客による理不尽で著しい迷惑行為）は、今の時代を反映しているのではないでしょうか。だからこそ、カスタマーハラスメントを防ぎ、自分の心を守るためにも、マナー・接遇のあり方を見直す必要性が増したのです。

接遇の「遇」とは、「遇すること＝もてなすこと（おもてなし）」です。不安を抱えている人が多い時代だからこそ、相手の不安な気持ちを和らげ、安心感を与える、接遇が求められているのです。

また、マナーとは相手を不快にさせないことですが、自分の言葉や態度で利用者・家族が不快になるようなことがあれば、所属する組織全体のイメージが悪くなることにもつながりかねません。これまでスタッフが一丸となって築き上げてきた信用が、たった一人のせいで損なわれてしまうとしたら、それは大きな問題です。組織がワンチームとなり、マナー・接遇を向上させることが必要なのです。

人は〝安心したい〟という究極の欲求をもっているからこそ、不安を取り除いてくれる人のことを信頼します。

利用者・家族の不安を和らげ、安心感を与えられるように
職場が、皆が安心できる、居場所になれるように
何より、自分自身が不安にならないように
折に触れ、本書を参考にしていただければ幸いです。

２０２４年９月
古川智子

もくじ

第2章 押さえておきたいマナー・接遇の基本

本書は、「おはよう21」２０１６年４月号増刊の内容に大幅な加筆修正を加えたものです。

序章

マナー・接遇の
レベルを点検しよう

ある高齢者施設の光景

新人とベテランの二人の介護職が利用者と接している場面をみてみましょう。

小島大介（21歳）

介護職1年目
将来に希望を抱く
新人介護職

中田法子（52歳）

介護職30年以上の
ベテラン

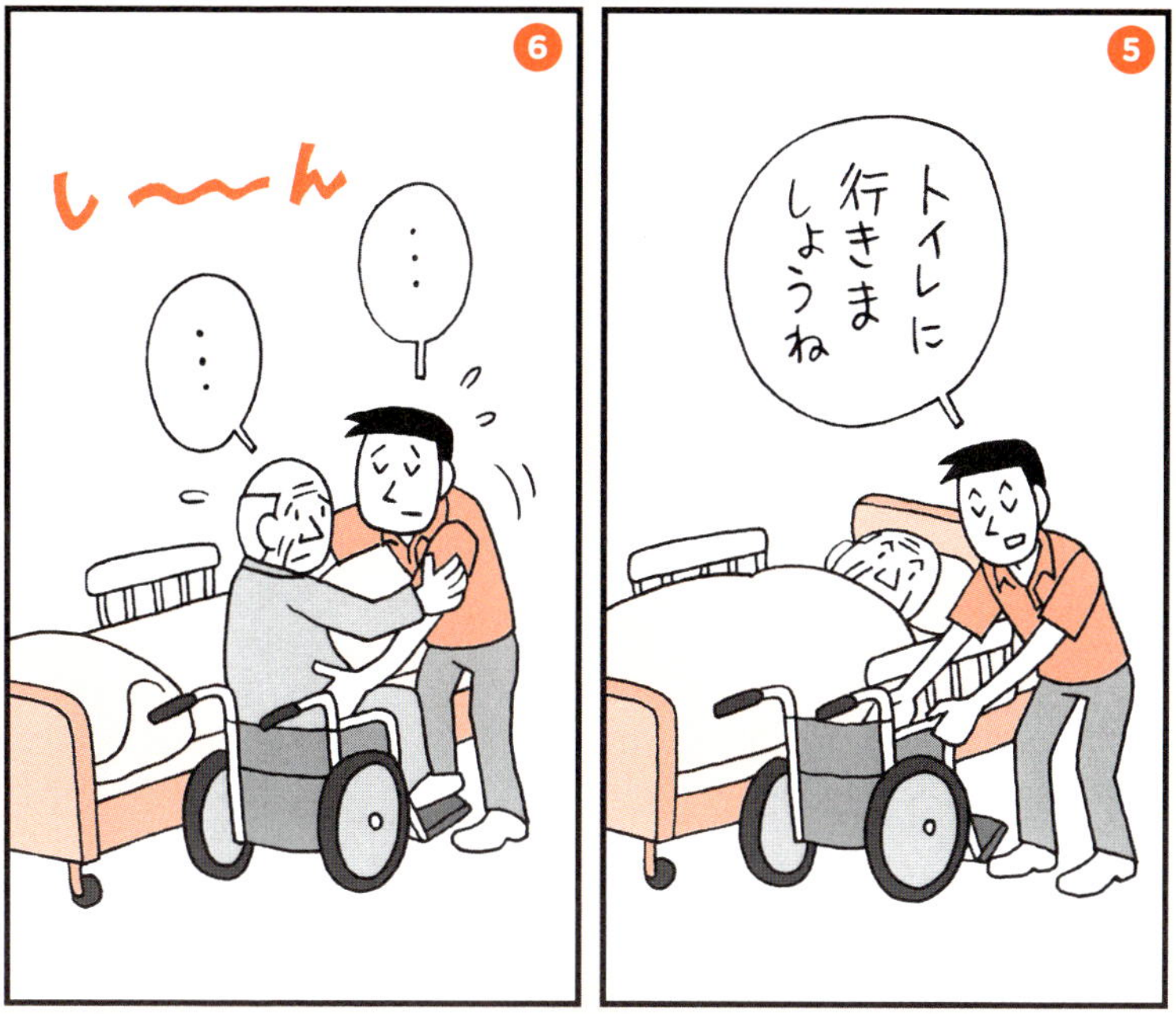

新人の小島さんもベテランの中田さんも、利用者を怒らせてしまいました。なぜでしょうか。ケアに対する姿勢の問題もありますが、共通しているのは、マナー・接遇のスキルが十分ではなかったということです。

① 身だしなみ・あいさつ

相手を心地よくする対応はどっち？

第一印象は身だしなみで大きく変わります。
相手に好印象を与えるため、
まずは清潔感のある身だしなみを心がけましょう。
そして、あいさつは人間関係をつくる第一歩！
気持ちよいあいさつが大切です。

チェックポイント

身だしなみ

- □髪の毛はきちんと整っていますか？
- □ひげは伸びていませんか？
- □爪は伸びすぎたり汚れていませんか？
- □服のほころびや汚れはありませんか？
- □靴は汚れていませんか？

➔詳しくは26ページへ

あいさつ

- □元気な明るい声になっていますか？
- □相手のほうを向いていますか？
- □立ち止まっていますか？
- □自分から先にしていますか？

➔詳しくは30ページへ

相手を心地よくする対応はどっち？

笑顔は、相手の心を和ませます。
つまらなそうな顔ではなく笑顔を！
姿勢は、物事に対する「取り組み方」を表します。
常に正しい姿勢を！

チェックポイント

表情

□つまらなそうな顔になっていませんか？
□口角は上がっていますか？
□目は笑っていますか？

詳しくは34ページへ

姿勢

□足や腕を組んでいませんか？
□いすの背もたれによりかかっていませんか？
□背筋がまっすぐ伸びていますか？

詳しくは42ページへ

③ 声・言葉づかい

相手を心地よくする対応はどっち？

声の出し方次第で、相手を元気づけたり、
安心感をもってもらえます。
そして、敬語などの正しい言葉づかいを意識して、
相手を敬う気持ちを示しましょう！

チェックポイント

声

□早口になっていませんか？
□聞き取りにくい大きさになっていませんか？
□その場の状況に合った大きさになっていますか？
□はきはきと話せていますか？

詳しくは46ページへ

言葉づかい

□正しい敬語を使っていますか？
□「親しさ」と「なれなれしさ」の違いを理解していますか？
□相手を敬う言葉になっていますか？

詳しくは50ページへ

相手を心地よくする対応はどっち？

話をする、話を聞く…。
これらがうまくできてこそ、会話が成立します。
伝えるべきことはより具体的に、
聞くときは相手が話したいと思える態度で！

チェックポイント

話し方

□要点はまとまっていますか？
□相手にわかる言葉で話していますか？
□焦らず、しっかり"間"をとれていますか？

➔詳しくは56ページへ

聞き方

□興味をもって話を聞いていますか？
□相手の話を否定ばかりしていませんか？
□相槌をうまく入れていますか？

➔詳しくは60ページへ

第1章

介護における
マナー・接遇とは

マナー・接遇で利用者の生活が変わる

相手を不快にさせないのがマナー

あなたはマナーという言葉を聞いて何を感じるでしょうか。お辞儀や敬語など、少し堅苦しい印象をもつ方もいると思いますが、まずは「相手を不快にさせないこと」だと理解してみましょう。

特に、社会人として肝に銘じなければならないのは、自分自身の感情をコントロールすることです。たとえば、認知症の利用者は何度も同じことを話すかもしれません。そのときに「また同じ話を…」とあなたの負の感情が口に出てしまったらどうなるでしょうか。また、忙しいときに「あ～あ」「面倒だな」「早くして」などと言ってしまったら大変です。

人間であれば誰しも、良い感情だけでなく、悪い感情が湧き上がることもあります。だからこそ、負の感情をぶつけて、相手を不快にさせないように、自分自身の感情をコントロールすることが、社会人としての第一歩です。

一人の言動は組織全体のイメージにかかわる

では、なぜ相手を不快にさせてはいけないのでしょうか。それは、「自分自身の姿が組織全体のイメージ（ブランド）をつくる」からです。組織に属していれば、対外的には「私は新人だから」「中途採用だから」「パートだから」といった言い訳は通用しません。

あなたの姿・振る舞いで相手を不快させて、組織のイメージまで悪くしてしまうことがあれば大問題です。全スタッフが一丸となって築き上げてきた信用が、たった一人の言動で傷ついてしまうからです。だからこそ、まずは何よりも社会人として備えておくべき、相手を不快にさせないマナーを学ぶことからスタートしなければなりません。

「自分自身の日々の姿が組織のイメージに大きく影響を及ぼす」ということをしっかりと理解し、「組織の価値を高めることができるスタッフは、自分の価値も高めることができる」と認識しましょう。

わからないことはすぐに確認しよう

組織の価値を高めるスタッフになるためには、まず、自分の属している組織は何を大切にしているのか（理念や指針）を知ることが重要です。同様に、ルール（規則）もしっかりと覚えましょう。

決まりを守れない人は信用してもらえません。組織によって、理念やルールは異なりますので、わからなければ上司や先輩に必ず聞くことです。恥ずかしがって聞かなければ、後になってさらに恥をかくことになります。

「わからないこと＝恥ずかしいこと」ではありません。教えてもらうのを待つのではなく、あなたから上司や先輩に「教えていただけませんか。よろしくお願いいたします」と勇気をもって、声をかけてみてください。自分が常識だと思っていることが、相手にとっては非常識のこともあります。非常識なことをすれば相手が不快になります。

あなたの姿・振る舞いで相手を不快にさせ、組織のイメージを損ねることのないように、まずはしっかりと基本のマナーを学び、身につけていきましょう。

介護に求められる接遇とは？

介護・福祉の現場は、高齢者や障害を抱えている人が生きることを支える場所です。そして、「命」にかかわる大事な現場です。人が必ず「死」や「老い」を迎える以上、誰にとっても必要不可欠となる重要な仕事なのです。

利用者や家族は不安を抱え、とまどいや疑問も多くもっており、スタッフの言葉や態度には非常に敏感です。スタッフの言葉や態度に勇気を与えられ、救われることもあれば、反対に必要以上に傷ついてしまうこともあります。

スタッフは何回も経験していることでも、利用者や家族にとっては初めてのことも多いものです。常に「相手の立場に立った対応」（おもてなしの心）を意識していれば、利用者や家族の心が温められ、「スタッフに対する感謝と尊敬の気持ち」が心の中に生まれます。

人は喜怒哀楽というさまざまな感情をもっています。「おもてなし」とは、相手の「怒」と「哀」の感情を受け止めて（受容して）、「喜」と「楽」の感情に転換するための手助けをすることです（図1）。これは表面的なコミュニケーションというレベルでは不可能で、「心」が備わっていなければ成し遂げられません。心を込めて接することが接遇であり、「遇」とは「遇すること＝もてなすこと（おもてなし）」です。

だからこそ、まずはおもてなしの土台である「相手を不快にさせない」マナーをしっかりと身につけることが大切です。

図1　マイナスの感情をプラスの感情に

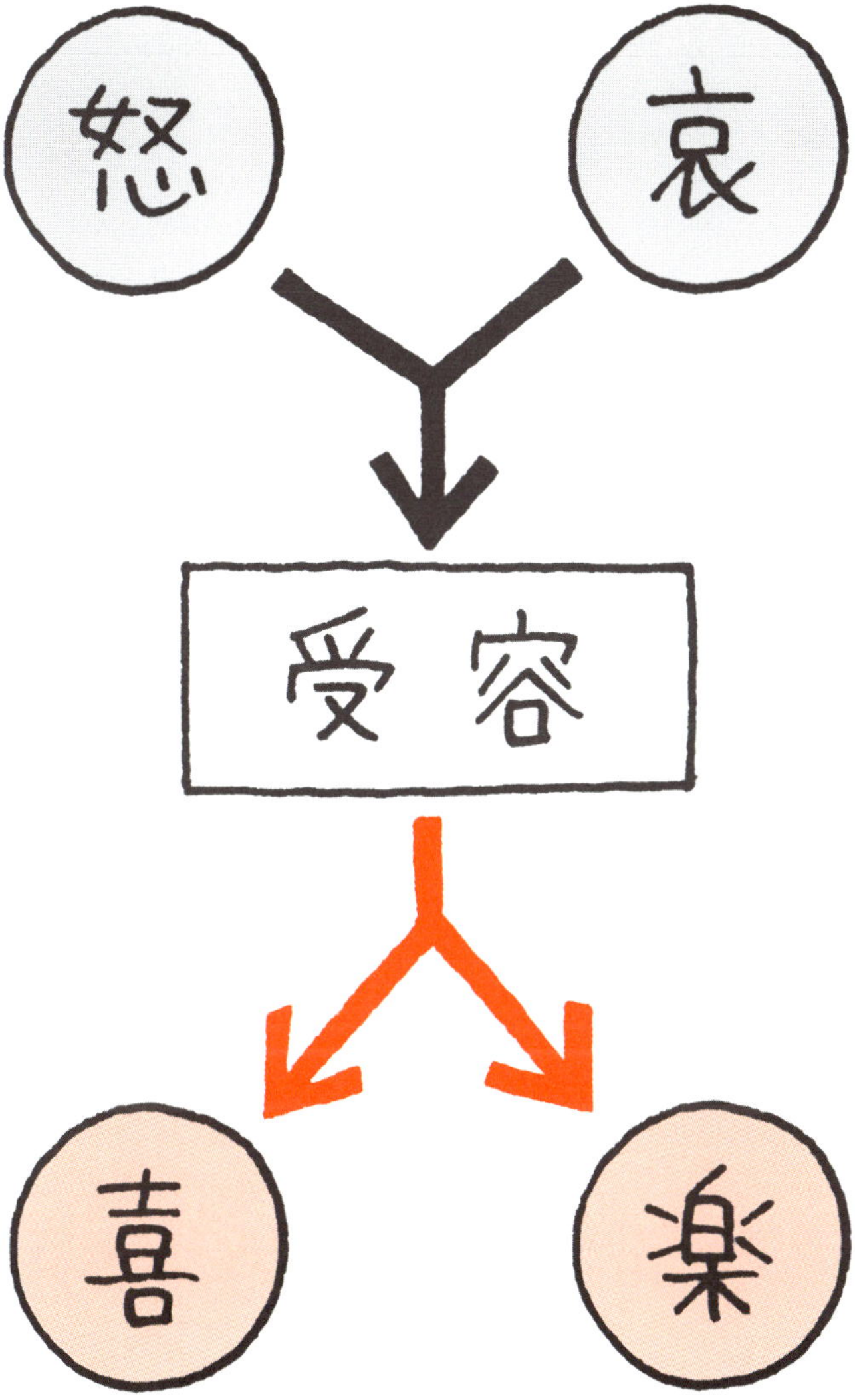

マナーはコミュニケーションをとるための大前提

人と人が出会い、コミュニケーションをとってつながることで、ビジネスが行われます。このコミュニケーションの土台となるのがマナーであり、社会人として土台となる部分でもあります(図2)。その上に組織におけるルールがあり、サービスはそのルールにしたがって提供されます。

そして、最上段にあるのがおもてなしです。最上質のコミュニケーションといわれるおもてなしができる一流の社会人になるためにも、まずは基本のマナーを身につけましょう。

図2　コミュニケーションの階層

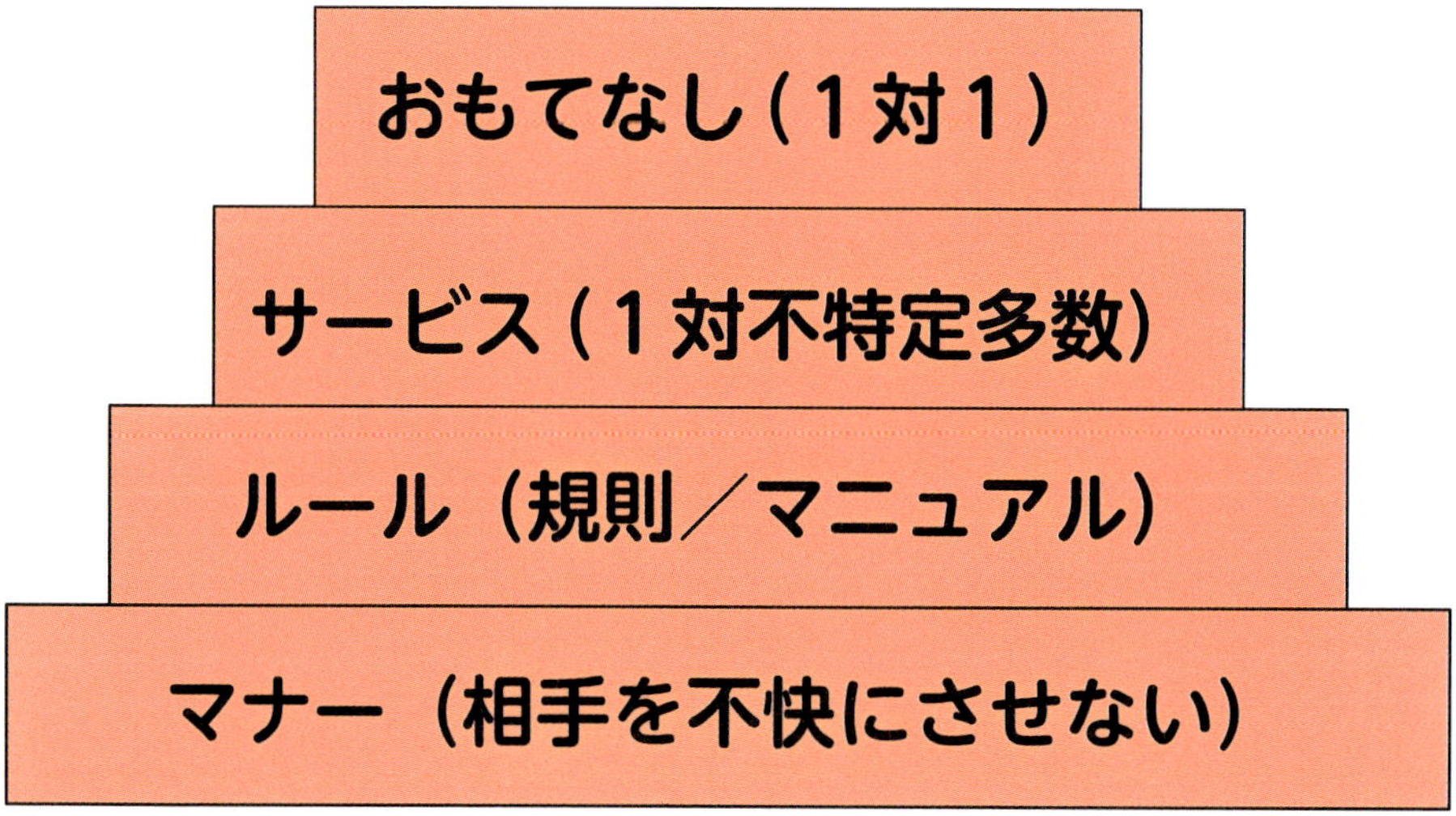

大切なのは「柔軟性」と「素直さ」

また、介護現場で必要なマナーとして、「柔軟性」が挙げられます。柔軟性とは、「心を柔らかくすること」です。人は、自分の考え方や価値に共感して、認めてくれた相手の言うことを受け入れます。どちらかからの歩み寄りが必要となりますので、先に相手を受け入れるという寛容さ（器の大きさ）が求められるのです。

つまり、相手に対する先入観や思い込みを取り払い、人それぞれさまざまな考え方や価値観があることを認識して、相手を柔軟に受け入れることが肝要です。

いくら専門的な知識や高いスキルをもっていても、自分の考え方を変えられない、または自分と違う考えを受け入れることができないという頑固さがあると、コミュニケーションはうまくとれません。なぜなら、人は頑固な相手に対して、「自分の思っていること（希望や不安など）を伝えても、きっと受け入れてもらえないだろう」と思ってしまうからです。

これは、職場においても同じことです。利用者や家族にはもちろん、同じ職場で働く上司、先輩の話に耳を傾け、しっかりと話を聞くことが何よりも大切なマナーであると理解してください。

そのためにも、相手を柔軟に受け入れることができる「素直さ」をもち続ける必要があります。

介護現場におけるマナー・接遇のあり方

あなたは施設のスタッフです。下記の問題について適切だと思う番号に☑をつけてください

問1　廊下にゴミが落ちていました。あなたは何を考えますか。

- □ ①自分で拾うことを考える
- □ ②誰かが拾うだろうと考える
- □ ③自分は掃除担当ではないので見て見ぬふりをすることを考える

問2　施設内のトイレで使用時に履くスリッパが乱雑になっています。あなたはどうしますか。

- □ ①自分のスリッパの向きを揃えて、他のスリッパも並べ直しておく
- □ ②自分のスリッパだけ向きを揃える
- □ ③自分も乱雑にスリッパを脱ぐ

問3　急ぎの仕事で施設内の廊下を歩いているあなたの前から、家族が歩いて来られました。あなたは何を考えますか。

- □ ①どんな時でも相手本位であり、立ち止まって挨拶をしようと考える
- □ ②自分は急いでいるので、すれ違う時に歩きながら挨拶をしようと考える
- □ ③家族との接触を避けるため引き返すことを考える

問4　あなたの職場に新しいスタッフが入りました。あなたは何を考えますか。

- □ ①自分から進んで仲良くなることを考える
- □ ②相手が自分を会社の先輩として敬う姿勢を見せたら仲良くしようと考える
- □ ③面倒なことになったなと思う

問5　疲れてイライラします。あなたは何をしますか。

- □ ①次の休みの日は自宅でゆっくり過ごして疲れを癒そうとする
- □ ②ストレス発散のために同僚に強く当たる
- □ ③家族に八つ当たりをする

解答：問1①　問2①　問3①　問4①　問5①

（一般社団法人日本おもてなし推進協議会「おもてなしの心成熟度検定」介護編より）

※正解はすぐに☑をつけられましたね。しかしながら、実際にはいかがでしょうか。自分の心の成熟度が問われます。

第2章

押さえておきたい
マナー・接遇の基本

1 外見・身だしなみ

清潔感を大切に、安心・安全にも配慮する

第一印象は身だしなみから

介護現場では、利用者や家族の不安を和らげ、安心感をもってもらうことが大切です。そのために、まずは第一印象に気を配らなければなりません。

第一印象を決める要素は**表1**のとおりです（メラビアンの法則）。つまり、「身だしなみ・表情・態度」という見た目が、第一印象を決定づける大きな要因となるのです。たとえば、利用希望者が相談に来たとしたら、いくら丁寧に、正確にサービス内容を説明したとしても、見た目の印象が良くなければ、相手に安心感を与えることはできません。

不快な印象は利用者や家族の不安感を増長させ、心を閉ざされてしまうことがあります。左のページにあるチェックリストは、人を不快にさせない身だしなみの基本事項です。まずこれらができているかを確認しましょう。

介護現場では何よりも「安全」が求められます。たとえば、ズボンを腰ではいていたらどうなるでしょうか。ズボンの裾で転ぶようなことがあれば、利用者にけがをさせてしまう危険性もあるのです。爪が長ければどうでしょうか。利用者に触れたときに傷つけてしまう可能性もあります。

介護現場での身だしなみは、印象を良くするためだけではなく、利用者やスタッフ自身の安全のためにも守らなければならない決まりなのです。

表1　印象形成のメカニズム（メラビアンの法則）

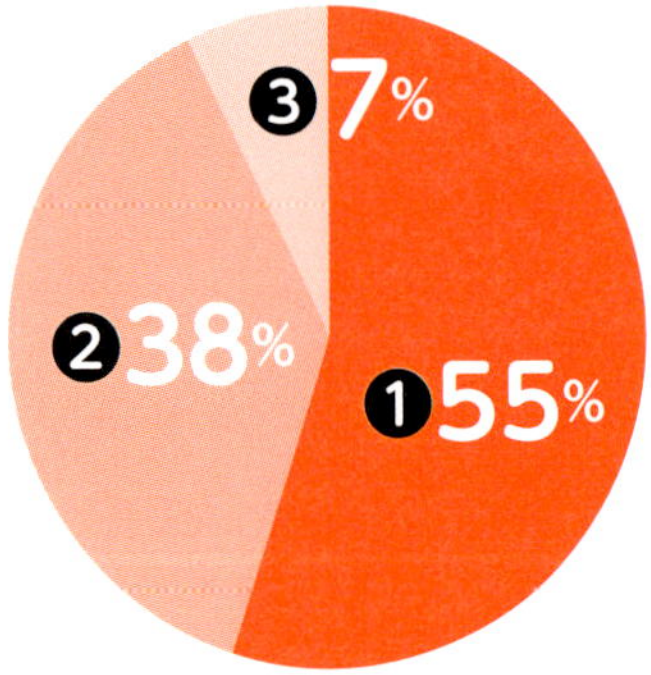

❶身だしなみ・表情・態度
❷声・声のトーン
❸話す内容

アメリカの心理学者アルバート・メラビアンが提唱した法則。
人はほとんどの情報を視覚から得ており、初めて会ったときの3秒程度で第一印象が決まるとされている。

「身だしなみ」チェックリスト

	女性	男性
頭髪	□ きちんと整え、ほつれ毛がない	□ きちんと整っている
	□ フケなどはなく清潔感がある	□ フケなどはなく清潔感がある
	□ 前髪・サイドが顔を隠さない	□ 前髪・サイドが顔を隠さない
	□ お辞儀をしたとき揺れない	□ 整髪料のにおいがきつくない
	□ 不自然な色に染めていない	□ 不自然な色に染めていない
顔	□ 健康的で上品なメイクである	□ ヒゲは剃ってある
	□ 口紅の色は適当である	□ 鼻毛は伸びていない
手	□ 爪は伸びすぎていない	□ 爪は伸びすぎていない
	□ マニキュアは濃すぎない	□ 爪の汚れはない
服	□ 服の汚れはない	□ 服の汚れはない
	□ ほころびやボタンの取れはない	□ ほころびやボタンの取れはない
	□ ポケットに物を詰めすぎていない	□ ポケットに物を詰めすぎていない
	□ 不必要なものを身につけていない	□ ズボンを腰ではいていない
その他	□ 名札は所定の位置についている	□ 名札は所定の位置についている
	□ 靴は汚れていない	□ 靴は汚れていない
	□ 靴のかかとは踏んでいない	□ 靴のかかとは踏んでいない
	□ ストッキングの伝線はない	□ 靴はにおわない
	□ ハンカチを持っている	□ ハンカチを持っている
	□ 不要なアクセサリーはつけていない	□ 不要なアクセサリーはつけていない
	□ 香り（香水）・におい（口臭・体臭）はない	□ 香り（香水）・におい（口臭・体臭）はない
	□ マスク着用時にマスクが汚れていない	□ マスク着用時にマスクが汚れていない

〈身だしなみの基準〉

上記は身だしなみの基準としてあげた項目です。自分の所属する職場のルールに合わせて行いましょう。上司や先輩から身だしなみで注意されたときには、「素直」に受け入れて直しましょう。

身だしなみのポイント 男性

目元

- フレームのデザインが派手、レンズに色が入っている等、主張の強い眼鏡は避け、シンプルなデザインのものを選びましょう。

ヒゲ等

- ヒゲをたくわえることは好ましくありません。無精ヒゲは、相手に不潔な印象を与えるため、特に避けましょう。毎日のヒゲ剃りの際、剃り残しがないか注意しましょう。
- 鼻毛が出ていると、利用者や家族だけではなく、一緒に働く周囲の人も気になりますが、なかなか注意しづらいものです。定期的に自分自身で確認し、手入れをしましょう。

靴下

- ズボンとの調和を考えて選びましょう。濃い赤や青といった原色系等、色やデザインが派手で奇抜な、主張の強いものは避けましょう。

その他

- 香水等は、科学物質過敏症の利用者もいるので、つけないほうが好ましいでしょう。またタバコのにおいは、吸う人より吸わない人のほうが敏感に感じますので、喫煙後のケアを心がけましょう。体臭が気になる人は、食生活や生活習慣を見直したり、朝シャワーを浴びたりして、原因の解消を心がけましょう。

髪

- 寝癖、フケなどがあると、不潔な印象を与えますので、注意しましょう。
- 明るすぎる茶髪や金髪は避け、自然な髪色にしましょう。カラーリングやブリーチだけではなく、白髪染めについても、色が入りすぎてしまうことがあるので、注意しましょう。
- 業務中に顔にかかるような長髪は好ましくありません。

首元

- 襟のしわ、汚れ、フケなどが目立つと、不潔な印象を与えますので、注意しましょう。

ズボン

- ズボンを腰ではいたり、裾が床につくものは、業務に支障が出たり事故の原因になる場合がありますので、身体に合ったサイズのものを着用しましょう。

靴

- かかとを踏んでいると、足元が危なくなりますので、注意しましょう。
- サンダルは、業務に支障が生じたり、事故の原因になる場合がありますので、好ましくありません。
- 靴が破けていたり、手入れがされていなかったりすると、不潔な印象を与えますので、注意しましょう。

身だしなみのポイント 女性

化粧

- アイシャドウ、チーク、口紅等は、濃い色のものは控えましょう。
- マスカラやグロスのつけすぎには注意しましょう。
- つけまつげは、利用者の誤飲につながることもありますので、介護現場には必要ないでしょう。
- ノーメイクは、身だしなみに無頓着なようにとらえられ、過度な化粧と同様、良い印象を与えることができません。

髪

- 明るすぎる茶髪や金髪は避け、自然な髪色にしましょう。カラーリングやブリーチだけではなく、白髪染めについても、色が入りすぎてしまうことがあるので、注意しましょう。
- 髪が長く、下を向いたときに髪が顔にかかる人は、業務に支障が出たり、不潔な印象を与える場合がありますので、束ねたり、留めたりしましょう。
- 寝癖、フケなどがあると、不潔な印象を与えますので、注意しましょう。

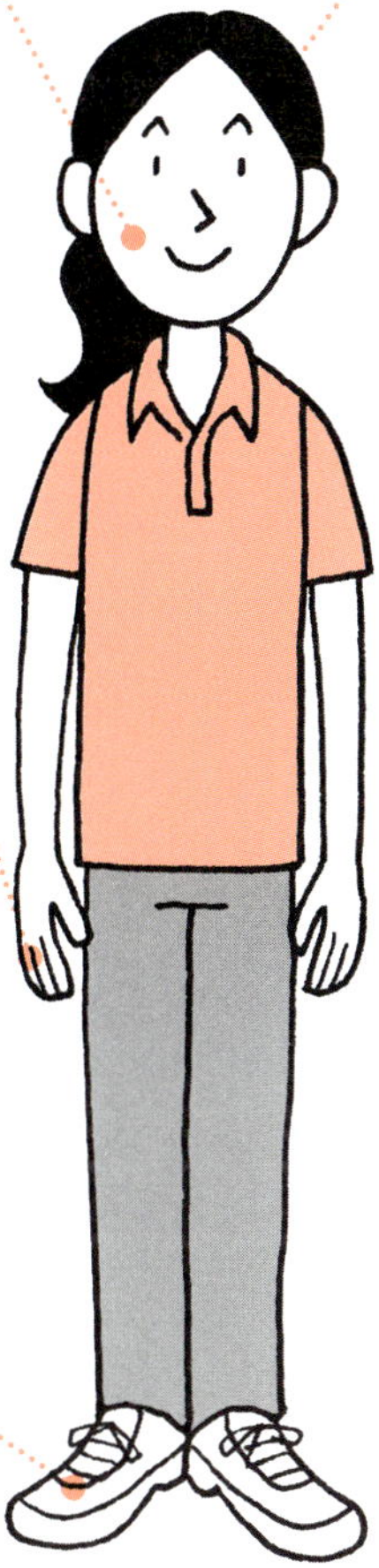

アクセサリー

- 指輪をつけたままにしていると、雑菌がたまりやすいので注意しましょう。
- ピアス・イヤリングやネックレス等は、利用者の誤飲につながる可能性もありますので控えましょう。
- フレームにブランドのロゴ等が大きく入っている、フレームのデザインが派手、レンズに色が入っている等、主張の強い眼鏡は避け、シンプルなデザインのものを選びましょう。

靴

- 靴のかかとを踏んでいると、足元が危なくなるので注意しましょう。
- サンダルは、業務への支障や事故の原因になる場合があるので好ましくありません。
- 靴が破けていたり、手入れがされていなかったりすると、不潔な印象を与えますので注意しましょう。

その他

- ネイルは、立体感がある等、色やデザインが派手で奇抜な、主張の強いものは控えましょう。爪が長いと、利用者を傷つけてしまうこともあるので注意しましょう。
- 香水等は、科学物質過敏症の利用者もいるので、つけないほうが好ましいでしょう。またタバコのにおいは、吸う人より吸わない人のほうが敏感に感じますので、喫煙後のケアを心がけましょう。体臭が気になる人は、食生活や生活習慣を見直したり、朝シャワーを浴びたりして、原因の解消を心がけましょう。

2

あいさつ
明るい声で、自分から声をかける

あいさつは人間関係の基本

あいさつは人間関係をつくる第一歩です。しかし、できそうでなかなかできないものでもあります。「おはようございます」「こんにちは」「こんばんは」「お元気ですか」等、一緒に働く上司、先輩、同僚に職場内で自分から気持ちよくあいさつをすることを徹底しましょう。もちろん、利用者とかかわるときも、まずあいさつから始まります。

あいさつには人柄や気持ちが表れます。あいさつの仕方一つで、相手に好感を与えることもできれば、逆に不快な思いをさせてしまうこともあります。

まずは、あいさつが人間関係の基本であることを理解しましょう。

効果的な「あいさつ」のための3か条
❶どうせするなら明るい声で
❷自分から先に
❸工夫して(相手に関心を示して)

〈あいさつの注意点〉

- 相手に届く大きさで元気よく
- 必ず相手のほうを向いて、できるだけ立ち止まって

職場内で基本となる「あいさつ」	
朝のあいさつ	「おはようございます」
外出するとき	「○○へ行ってまいります」
見送る人は	「行ってらっしゃい(ませ)」
外出先から戻ったら	「ただいま戻りました」
迎える人は	「お帰りなさい(ませ)」
退社するとき	「お先に失礼します」
退社する人を見送るとき	「おつかれさまでした」

不安感をほぐす温かいあいさつ

介護・福祉の現場におけるあいさつでは、利用者や家族の不安感を和らげたり、力づけたりすることが求められます。ショップやファストフード店などでは、一本調子の「いらっしゃいませ〜」というマニュアル口調をよく耳にしますが、介護・福祉の現場では、それと同じようになってはいけません。

返事も人間関係づくりの必須行動

相手から「〇〇さん」と声をかけられたとき、ただ相手を見るのではなく、必ず「はい！」と返しましょう。こうした基本的なやりとりの積み重ねによって、人間関係はつくられていくのです。

また、「はい！」と言うと、口角が上がり笑顔になります。だからこそ、気持ちよく返事をします。なお、「はい、はい…」と言うと、渋々承知した印象になるので、返事を重ねないように注意しましょう。

効果的な「返事」のための３か条
❶呼ばれたら「はい！」と返事をする。
❷相手の顔を見て明るく、すぐに元気よく返事をする。
❸不愉快なときでも、嫌いな人にも、気持ちよく返事をする。

「あいさつ」基本10シーン	
❶すれ違うとき	「おはようございます」「こんにちは」
❷状態を気遣うとき	「どうなさいましたか」
❸感謝の言葉	「ありがとうございます(した)」
❹何か頼まれたとき	「かしこまりました」
❺お待たせするとき	「(少々)お待ちいただけますか」
❻お待たせしたあと	「(大変)お待たせいたしました」
❼部屋の入退室や相手に対して何かをする前	「失礼いたします」
❽希望に添えないとき	「申し訳ございません (代案などを添える)」
❾配慮の言葉	「ご不明な点はございませんか」 「よろしいでしょうか」
❿見送るときのいたわりの言葉	「今日はありがとうございました」 「またお目にかかれるのが楽しみです」

3 表情
口角を上げて笑顔や豊かな表情を意識する

豊かな表情を心がける

笑顔は相手の「不安感」「警戒心」を取り除き、心を和ませます。その場に合った、豊かな表情を心がけましょう。無表情は禁物です。

今、介護業界で人材育成に携わる人が頭を抱えていることの一つが、「いつもつまらなそうな顔をして仕事をしている職員」の存在です。いつもつまらなそうな顔をしている、顔が怖い、無表情な人にかかわりたいと思う利用者や家族はいないでしょう。その悪影響は、利用者にはもちろん、一緒に働く仲間にも出てきます。

だからこそ、自分自身の顔の表情を今一度意識することが重要です。

3つの表情

❶無意識の表情

他人や周囲を意識していないときの表情

❷スタンバイ・スマイル

「口角」をキュッと上げ、準備 OK の表情

❸瞬間スマイル

喜び・嬉しい・満足・楽しい・面白い等の肯定的な気持ちが表れたときの自然なスマイル

表情訓練❶

❶目を大きく見開き、「あ」を発音するように口を大きく開けます。

❷目を細め、口を「い」を発音するように横に引きます。

❸目を強くつぶり、「う」を発音するように口を尖らせます。

❹目を開き、「え」を発音するように下唇を左右に力を入れます。

❺目を見開き、「お」を発音するように、上唇と鼻の下の筋肉を緊張させます。

表情を訓練する

表情訓練❶をすることで、日頃使用しない顔の筋肉が鍛えられます。硬い表情にならずに、豊かな表情が生まれます。

また、人間は重力に逆らうことができないので、歳を重ねるたびに顔の筋肉は下へ下へと落ちてしまいます。残念なことですが、自然と口角が下がり、無意識でいると怒っているような表情になってしまうのです。

表情訓練❷は、怒っている表情に見えないようにする、口角を上げるための訓練です。この訓練により、やさしい笑顔の印象を与えられるようになります。ぜひ習慣化させてください。

ただし、人目につくところでは驚かれてしまうので、自宅などで訓練することをおすすめします。

なお、**表情訓練❸**であれば、職場でも簡単に行うことができます。

以上の表情訓練をすることで、利用者や家族が話しかけやすい雰囲気をかもし出すことができるでしょう。

表情訓練❷

❶割りばしを横にし、
歯で軽く加えます。

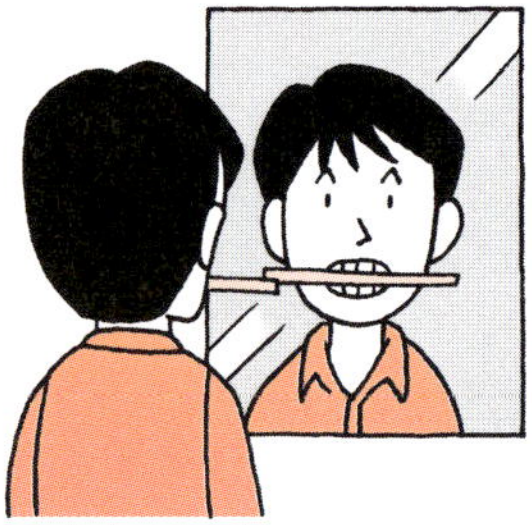

❷鏡で、自分の口角が割りばしについていないか確認します。

❸口角が割りばしについているようであれば、割りばしを加えたまま指を使い、口角が割りばしにつかないように、頬を引き上げます。

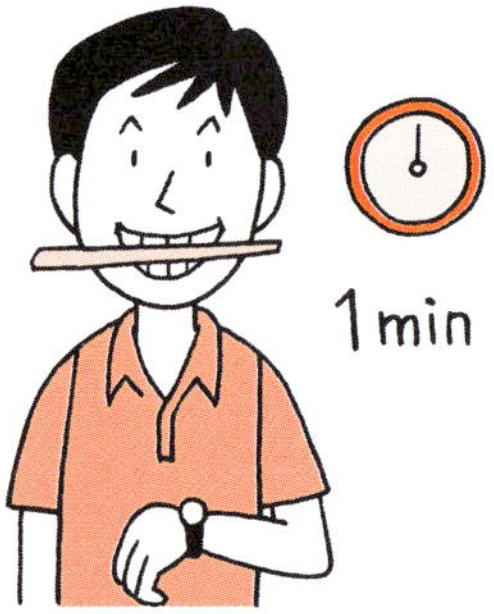

❹口角が割りばしにつかない状態を１分間保ちます。

表情訓練❸

❶両手の人差し指を立てます。

❷両手の人差し指で口角を押さえ、上に引き上げます。

アイコンタクト

表情というと笑顔だけを意識しがちですが、アイコンタクトもとても大切です。

「目は口ほどに物を言う」「目は心の窓」「目は心の鏡」などと言われるように、目は自分自身の心を映し出します。つまり、利用者や家族は、皆さんの心そのものを目で読み取ってしまいます。もしも「話を聞くのが面倒だな」「この人は苦手だな」と考えていれば、言葉に出さなくても、利用者や家族には伝わってしまうということです。鏡を使って、今一度、自分自身の目がどのように見えるのか確認してみましょう。

口が笑っていても目が笑っていないと、利用者や家族にとってとても怖い印象になってしまいます。介護業界に従事している方は、マスクをつけて仕事をすることも多くありますので、常に目がやさしい印象、すなわち「やさしいまなざし」になるよう意識することが大切です。

そして、常に自分自身の心がきちんと相手に向かっているか自問自答することを意識しましょう。

目で笑うトレーニング

❶手で鼻と口を隠し、目だけ見えるようにします。

❷鏡で自分の目を確認します。

❸目がやさしく笑って見えるように微笑みます。

マスク着用時の表情のつくり方

マスクの着用時間が長くなると、どうしても表情が硬くなり、無表情になりがちです。利用者や家族から信用・信頼を得て、安心して過ごしていただくためには、マスク越しでもやさしい眼差しが伝わるよう、目の周りの動きを意識することをおすすめします。

ポイント① 目元

目は「三日月を横」にしたような形になるように心がけます。つまり目を細める感じです。マスクをつけているときは、少し大げさなぐらいに目元に表情をつけてみます。

目元をやわらかくするトレーニング

❶手のひらを10秒こすり、温かくなった手のひらを目に10秒あてます

❷❶を3回繰り返します

❸人差し指で、目頭を10秒、下まぶた中央を10秒軽く押します

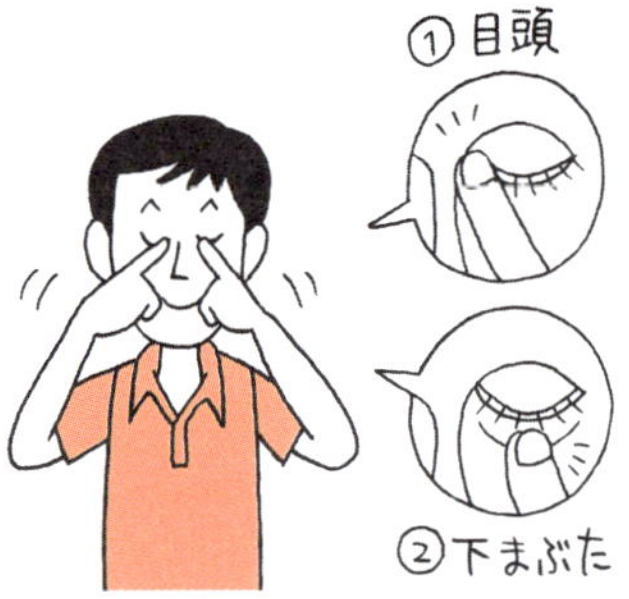

❹人差し指で、目尻を10秒かけてゆっくり引き上げて、指を外します

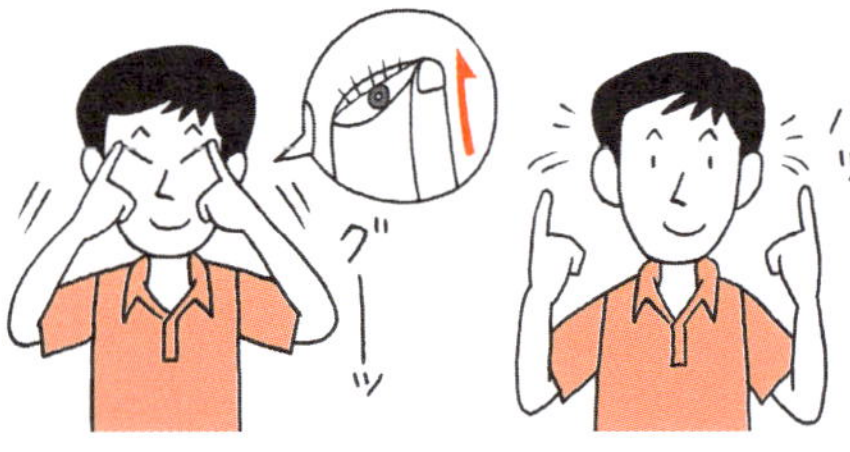

❺目をギュッと5秒つぶり、目を開けます。これを3回繰り返します

ポイント② 眉

眉は笑顔と関係がないように思えるかもしれませんが、眉に動きがないと、無表情に見えてしまいます。驚いたときや嬉しいときには眉がぐっと上がり、共感や謝罪のときには下がります。

眉を上げると、マスク着用時でもやさしい表情が伝わります。

眉をやわらかくするトレーニング

❶ 目を見開いていき、眉をぐっと引き上げ、10 秒間キープします

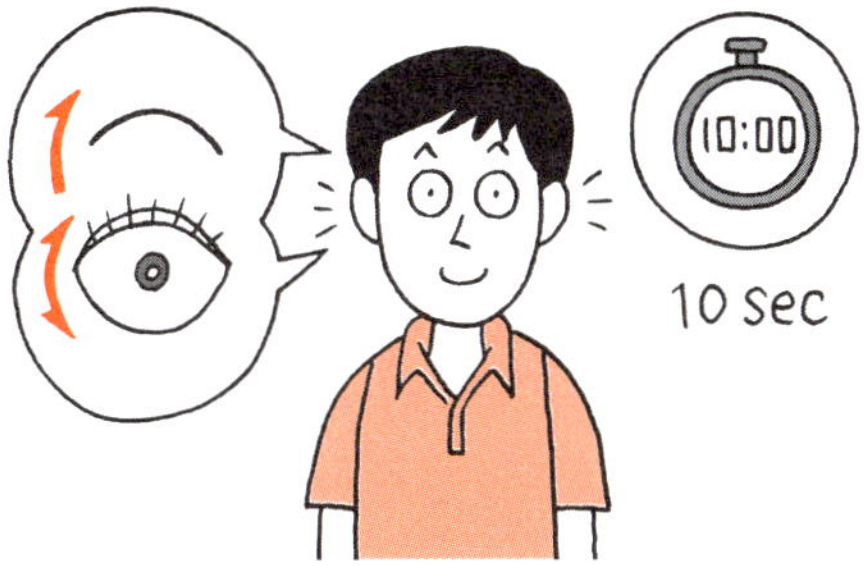

❷眉を上げた状態で、ゆっくり目を閉じていき、完全に目が閉じたら 10 秒キープします

❸目を開けながらゆっくり眉を元に戻します

ポイント③ 頬

笑顔は、顔の表情筋が動くことでつくられます。表情筋は連動し合っているため、頬と口角が動かないと、目や眉で笑顔を届けることができません。頬を引き上げると、自然と口角も上がります。

頬をやわらかくするトレーニング

❶口を少し開き、舌は上の歯の裏側に当たるように意識します
❷❶のまま、頬を目の方にしっかりと引き上げたら、元に戻します

❸❷を 10 回繰り返します

ポイント④ 口元

顔は、約30種類の表情筋で構成されていますが、その7割が口元に集中しています。中でも、口の周りをドーナツのように囲む「口輪筋」は、あらゆる表情筋とつながっています。

この筋肉が衰えてしまうと口角はもちろん、顔全体が下がってきます。

“マスクをしていても笑顔”であることが伝わるよう、口元も意識しましょう。

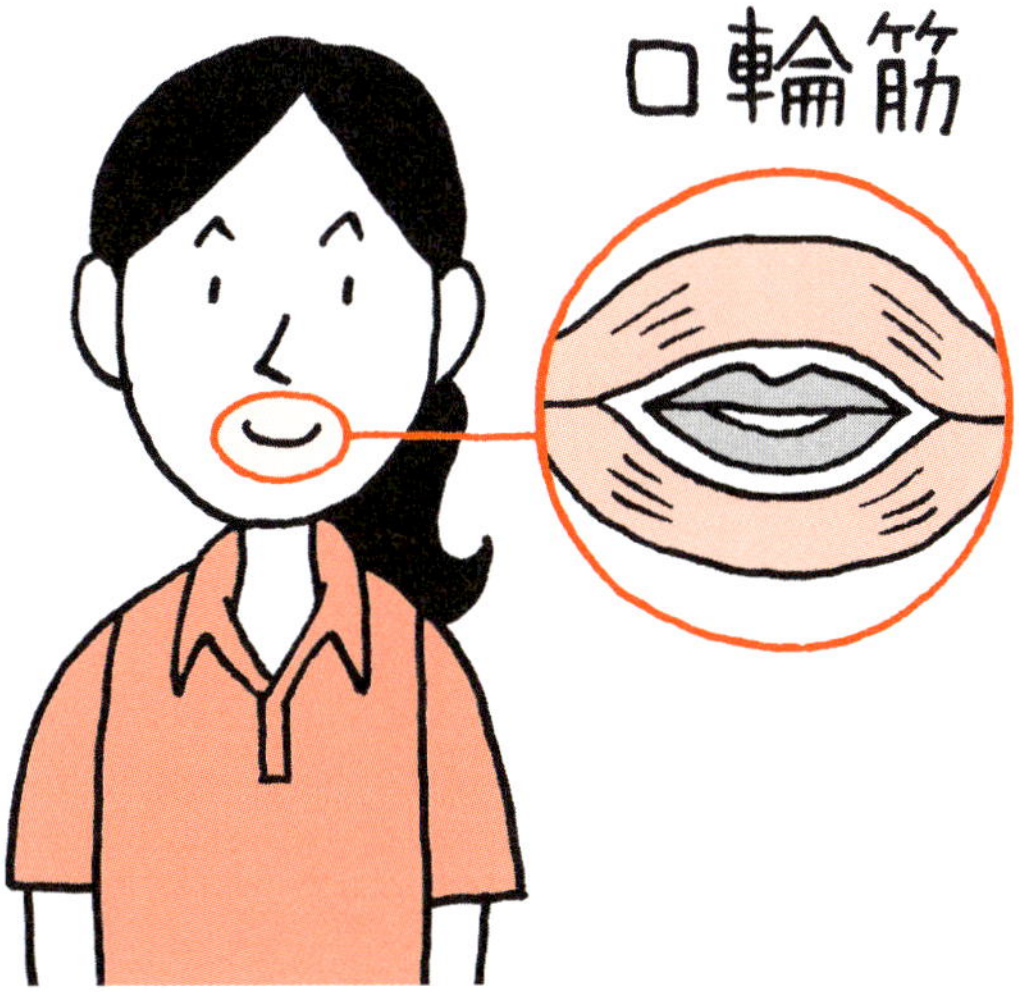

口元をやわらかくするトレーニング

❶首を時計回り、反時計回りに5回ずつゆっくり回します
❷舌の先を使って、口の内側をなぞるようにゆっくりと大きく円を描きます
（時計回り、反時計回りと10回ずつ動かします）


ここで紹介したトレーニングは、マスクを着用していてもできます。

定期的に動かして、やさしいまなざしを目指しましょう。

4

姿勢

相手を敬う気持ちを姿勢で示す

常に正しい姿勢を

姿勢は単に外見的なものではなく、その人の物事に対する「取り組み方」を表すものでもあります。常に正しい姿勢を心がけましょう。

立ち姿勢

❶膝、かかとをつけ、つま先は少し開く

❷肩の力を抜き、背筋を伸ばす

❸あごを引いて、顔・視線はまっすぐ前方を向き、両肩を水平にする

❹胸を開き、お腹とお尻を引き上げる

❺両手は自然に下ろし、指先は揃える（または前で重ねる）

座り姿勢

背筋をまっすぐ正して座る。いすの背もたれには寄りかからない

女性：

膝・かかとを揃える

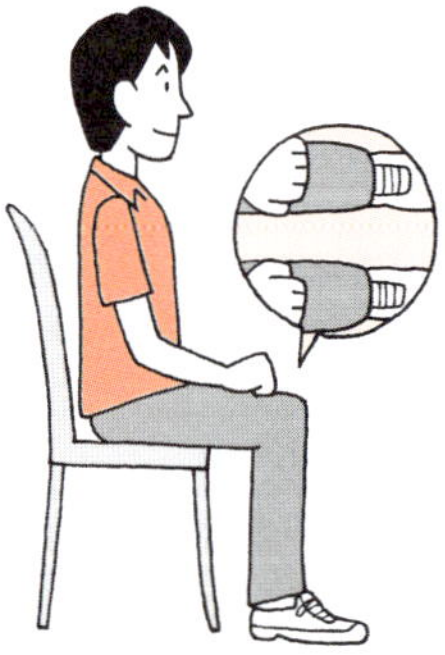

男性：

足は肩幅に開き、膝の角度は 90度

お辞儀の種類と仕方

❶会釈：上半身を約15度傾ける。入退出時・すれ違い時等に使う軽い礼。

【例】「失礼します」

お辞儀の仕方

❶姿勢を正し、相手の目を見る
❷背筋・首筋をまっすぐに伸ばし、腰から折るように上体をさっと前に倒す
❸手は自然に下ろすか、前で重ねる
❹一番深いところで、一呼吸静止する
❺ゆっくり上体を戻す
❻相手の目を見る

❷敬礼：上半身を約30度傾ける。一般的に行われるあいさつ。

【例】「おはようございます」「いらっしゃいませ」

❸最敬礼：上半身を約45度傾ける。深い感謝、お詫びの時等に行う。

【例】「ありがとうございました」「申し訳ございません」

しぐさ

あなたのさりげないしぐさも、相手への「無言のメッセージ」を発信しています。ここでは「相手を尊重する」という気持ちを表す立ち居振る舞いを身につけます。

しぐさのポイント

- 静かに（音を立てないようにします）
- 丁寧に（両手であつかいます）
- 区切りをつける（一瞬静止します）

物の渡し方

❶相手が受け取りやすい方向・位置に差し出す

❷相手に対し渡す物が正しい位置になるように

❸指をそろえて差し出す

❹両手、視線、言葉、笑顔、真心を添える

❺「受け取る」ときも両手で受け取ることを心がける

案内の仕方

❶歩く方向の斜め前に立つ

❷片方の手で進む方向を示し、もう片方で相手を促すように案内する

❸相手が歩きやすいようにスペースを提供する

❹進む方向や足元の注意を促すなど、言葉を添える

❺相手の速度に合わせる

指し示し方

❶相手の目を見る

❷指を揃えて、方向を指し示す

腕の角度により距離感を出す（「こちら」「あちら」）

❸指し示す方向を見たら、相手の目に戻る

5

声 利用者と話すときはやさしい印象が伝わる声で

声の印象をコントロールしよう

声は、気持ちや考えを伝えるために大きな役割を果たします。介護職には、利用者や家族の不安感をほぐしたり、力づけたりすることが求められます。利用者と話す際には、やさしい印象の声を出すことが大切です。また、時には説得力のあるしっかりとした声で話すことも必要です。

さらに、職場のスタッフ間では、聞き取りやすい伝達力のある声が重要です。声の印象をコントロールできるようにしましょう。

自分の声をチェックしてみよう

CHECK!

声のトーン	□明るい	□普通	□暗い
話す速度	□速い	□普通	□遅い
声の大きさ	□大きい	□普通	□小さい
声の高さ	□高い	□普通	□低い
声の特徴	□ハスキー	□普通	□鼻声

※自分の声にコンプレックスがある方、もしくは話をしたときに何度も聞き返される方、話すときに緊張してしまう方は、47ページの腹式呼吸のトレーニングをおすすめします。

腹式呼吸法

❶背筋を伸ばし、肩の力を抜いて、両足をしっかり安定させて立ちます。

❷胸のあたりにたまっている空気を口から吐き出します。このときに「フー」という音が聞こえるように息を吐き出しましょう。

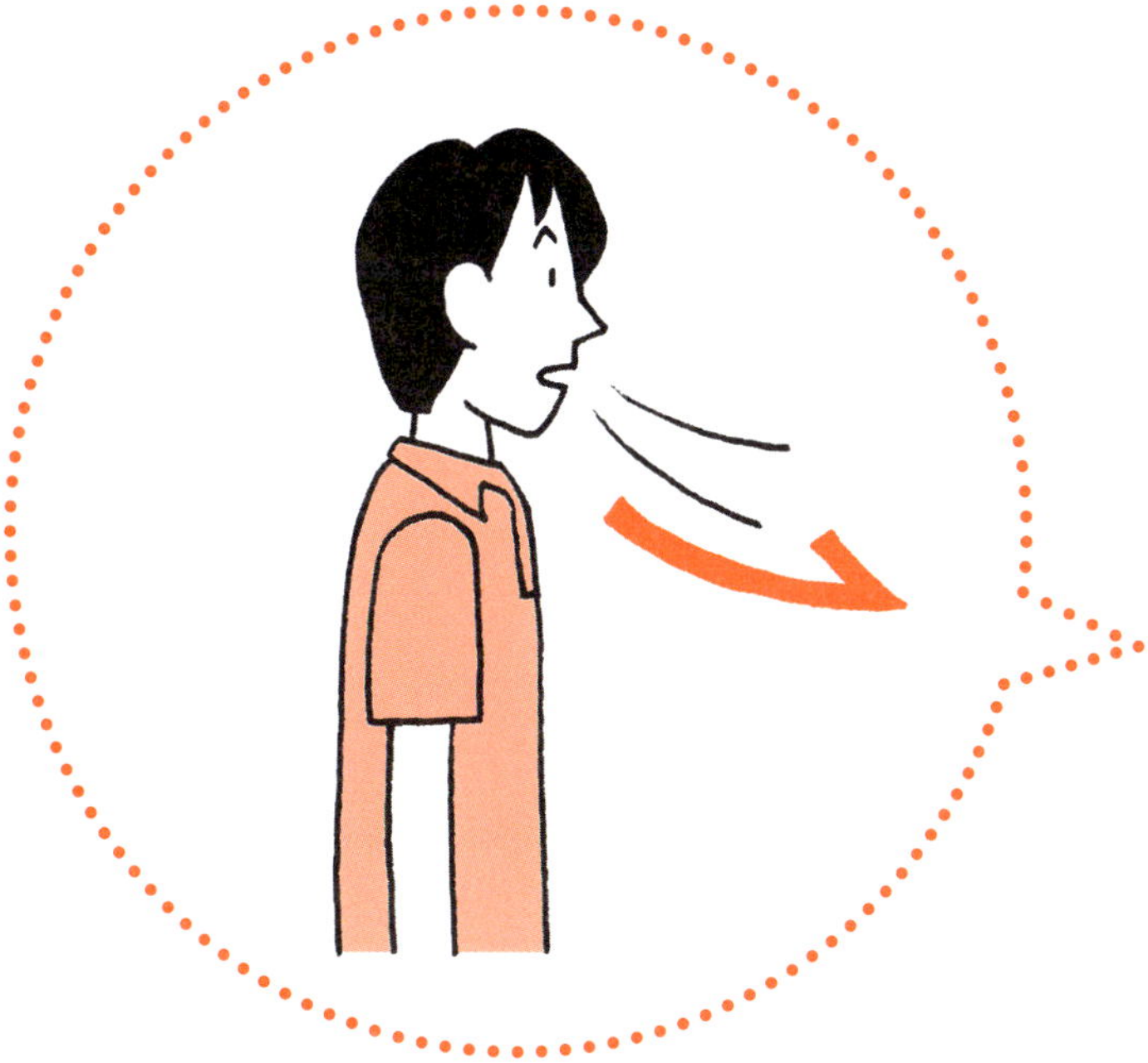

❸息を全部吐いたら、今度は口を閉じ、鼻からゆっくり空気を吸います。お腹が出ていることを確認できたら、「腹式呼吸」ができています。時間の目安としては、まず、5秒くらいで息を吸って、2秒くらい息を止めます。次に、6秒くらいでゆっくりと吸った空気を吐き出します。

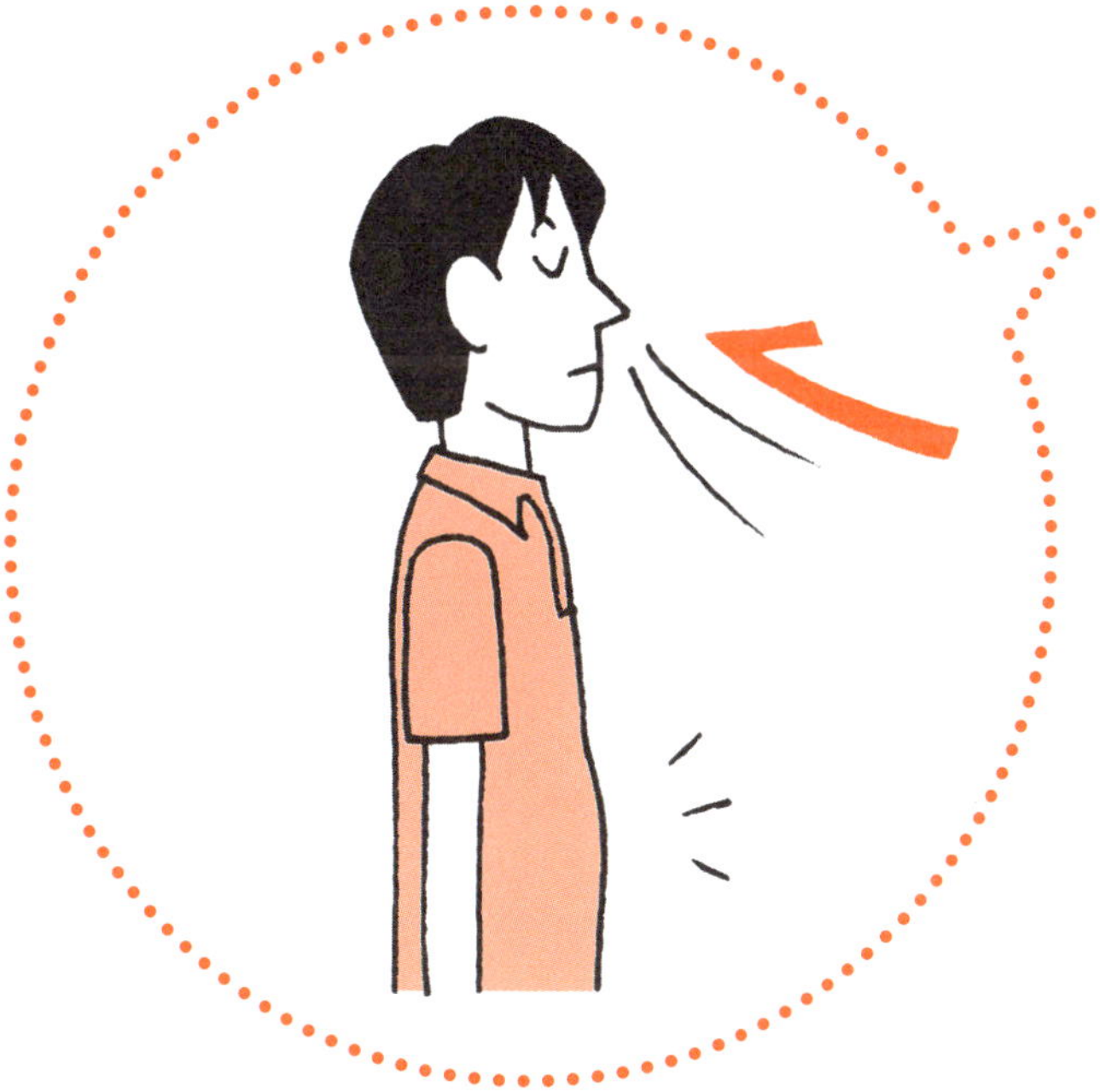

発声・発音

❶口を大きく開けて、お腹から声が出るように発声します。

あ	→	え	→	い	→	う	→	え	→	お	→	あ	→	お
か	→	け	→	き	→	く	→	け	→	こ	→	か	→	こ
さ	→	せ	→	し	→	す	→	せ	→	そ	→	さ	→	そ
た	→	て	→	ち	→	つ	→	て	→	と	→	た	→	と
な	→	ね	→	に	→	ぬ	→	ね	→	の	→	な	→	の
は	→	へ	→	ひ	→	ふ	→	へ	→	ほ	→	は	→	ほ
ま	→	め	→	み	→	む	→	め	→	も	→	ま	→	も
や	→	え	→	い	→	ゆ	→	え	→	よ	→	や	→	よ
ら	→	れ	→	り	→	る	→	れ	→	ろ	→	ら	→	ろ
わ	→	え	→	い	→	う	→	え	→	お	→	わ	→	お

印象トレーニング

自分の口調がきついと感じる方は、やさしい声になるように次のトレーニングをします。

手で円を描くように大きく回しながら、話をします（「私は〇〇と申します」など）。

※このトレーニングにより、口調がやさしくなります。

滑舌をよくする言葉

❷武《ぶ》具《ぐ》馬《ば》具《ぐ》武《ぶ》具《ぐ》馬《ば》具《ぐ》三《み》武《ぶ》具《ぐ》馬《ば》具《ぐ》合《あ》わせて武《ぶ》具《ぐ》馬《ば》具《ぐ》六《む》武《ぶ》具《ぐ》馬《ば》具《ぐ》

❸瓜《うり》売《う》りが瓜《うり》売《う》りに来《き》て売《う》り残《のこ》し売《う》り売《う》り帰《かえ》る瓜《うり》売《う》りの声《こえ》

❹あの竹垣《たけがき》に竹《たけ》立《た》てかけたのは竹《たけ》立《た》てかけたかったから竹《たけ》立《た》てかけたのです

これらのトレーニングを1か月程度、毎日続けてみましょう。
声の印象がグーンとアップします。

6

言葉づかい
適切な敬語で相手を敬う

言葉のはたらき

事を伝える

言葉のはたらきの一つは、「事を伝える」ことです。

5W1H

who（誰が）
what（何を）
when（いつ）
where（どこで）
why（どんな目的で）
how（どのように）

「5W1H」は、まさに言葉のはたらきを使って、「事」を正しく、わかりやすく伝えるためのポイントです。

心を伝える

二つ目のはたらきは、「心を伝える」ことです。情感、美意識、人物に対する尊敬などの心象や、悲しく思う、美しく思う、素晴らしいと思う、大切だと思うといった心の動きを伝えるのです。

敬語を適切に使う

相手を敬う気持ちを言葉にしたのが敬語です。敬語を使い慣れていない方は、まず〝型〟として覚えてみましょう。敬語には、尊敬語（相手を敬う）、謙譲語（自分をへりくだる）、丁寧語（丁寧な言葉づかい）があります。

尊敬語

	例
行く	予定どおり先方に**いらっしゃいますか**
来る	今度、いつ**いらっしゃいますか**
食べる	昼食は何を**召し上がりましたか**
いる	明日、11時頃ご自宅に**いらっしゃいますか**
する	出発は何時に**なさいますか**
言う	お名前は何と**おっしゃいますか**
見る	パンフレットを**ご覧になりましたか**
聞く	介護保険の変更について**お聞きになりましたか**
知っている	○○病院を**ご存じですか**
くれる	お菓子を**くださいました**

謙譲語

	例
行く	私がそちらに**伺います**
来る	私は明日、またそちらに**伺います(参ります)**
食べる	私も昼食を**いただきました**
いる	10時までこちらに**おります**
する	そちらの件はこれから**いたします**
言う	私は○○と**申します**
見る	先日、連絡帳を**拝見しました**
聞く	ご用件は私が**伺います**
知っている	私は○○様を**存じ上げています**
もらう	パンフレットは先ほど**いただきました**

ビジネス敬語

わかりました	→かしこまりました
ちょっと待ってください	→少々お待ちください
お待たせしたとき	→お待たせしました
すみませんが	→おそれいりますが、お手数ですが
どうですか	→いかがでしょうか
わかりません	→わかりかねます
(席に)いません	→席を外しております
すみません	→申し訳ございません
誰ですか	→どちら様でしょうか
あとで、さっき	→のちほど、先ほど
ご苦労様でした	→おつかれさまでした

丁寧語

「～です」

「～ます」

「～ございます」

「お～」

「ご～」

言葉づかいの留意点

利用者と親しくなっても、丁寧語よりは崩さないようにしましょう。「親しさ」と「なれなれしさ」は違います。

また、利用者の前だけ丁寧な言葉を使い、スタッフ同士では使わないなどの態度をとると、品性を疑われてしまいます。人が見ていないところでこそ、礼儀正しさが求められます。

利用者に対する呼び方

好ましい呼び方

「○○様」「○○さん」

○

好ましくない呼び方

「おじいちゃん」「おばあちゃん」
ニックネーム（あだ名）

×

スタッフ同士の呼び方

❶上司を呼ぶとき

・役職名のみ	例「施設長」「事務長」
・名前＋役職名	例「鈴木主任」
・職場によっては「名前＋さん」も可	例「鈴木さん」

❷先輩、同僚を呼ぶとき

・名字＋さん	例「山田さん」
×好ましくない言い方	例「山田ちゃん」「主任さん」

❸職場外の人にスタッフのことを話す場合

・名字のみ呼び捨て	例「佐藤」
・役職名のみ	例「施設長」
・役職名（職名）＋名字	例「施設長の佐藤」

相手を不快にさせない魔法の言葉

❶依頼するとき

「おそれいりますが～」

❷了承を得るとき

「よろしければ～」

❸たずねるとき

「失礼ですが～」

❹時間のあるときにお願いしたいとき

「お手すきのときに～」

❺迷惑をかけるとき

「お手数をおかけいたしますが」「申し訳ございませんが」

「ご面倒をおかけいたしますが」

利用者、家族、上司・先輩にお願いする際などは、不快にさせない魔法の言葉（マジックフレーズ）を活用しましょう。会話がやわらかくなり、相手を尊重する表現につながります。

心くばりの言葉

- ○○さん、おはようございます
- ○○さん、よくお休みになれましたか
- 今日はとても顔色がいいですね
- 今日はいいお天気ですね
- 暖かくなりましたね
- ○○サービスの○○です。今日もよろしくお願いいたします

あいさつに加え、心くばりの言葉をプラスした声かけをすると、利用者の気持ちをほぐす力となります。

利用者が安心する心くばりの言葉

- ご安心ください
- 大丈夫ですから心配しないでくださいね
- お手伝いいたしましょうか
- ご遠慮なくおっしゃってくださいませ
- いつでもお声かけください
- 何かお困りの点はございませんか
- お手伝いをしますので安心してお任せください
- 今日のお食事は満足いただけましたか
- ここまで食べられてよかったですね

利用者が安心する心くばりの言葉を入れた声かけも積極的に行いましょう。

7 話し方

相手がわかりやすい言葉づかい、具体性、間を意識する

まずは事前準備を怠らない

話をするためには、利用者や家族に話す「こと」がなければなりません。自分自身の引き出しが空っぽであれば、話すテクニックがあったとしても、伝えることができないからです。

事前準備❶
介護の情報・動向を把握する

まず話すための「事前準備」が必要です。第一には、制度などに関する情報の把握です。新聞や雑誌などに目を通し、情報収集することを心がけましょう。事前準備を行うことにより、家族から信用・信頼を得ることができます。

事前準備❷
利用者の情報把握——名前

担当する利用者の情報の把握も重要です。

まず必要なのは、名前を頭の中に入れることです。覚えきれないときは、メモ帳に書いておきましょう。慣れないうちは、直前にメモ帳を見て確認しても構いません。人は名前を呼ばれると、親近感をもちやすいので、「〇〇さん」と名前を呼ぶことが第一歩です。

事前準備❸
利用者の情報把握——病気

利用者に腰痛の持病があるのであれば、そのことを頭の中に入れておきます。話をする際に、腰の具合を伺うことから始めて、調子が悪いようであれば、腰痛を和らげることに関する話をすれば、利用者は「この人は自分を心配してくれている」「大切にしてくれている」と喜んでくれて、会話も弾むのではないでしょうか。

事前準備❹

利用者の情報把握――嗜好

その他、利用者の好きなものも把握します。たとえば、海が好きだという情報を知っていれば、海に関連することが会話の糸口になるように調べておきます。もちろん、調べたことを全部話す必要はありません。利用者が自ら話し出したら、聞き側に回ることが話し上手なのです（会話のきっかけづくりのための話し上手は「合いの手上手」ともいわれます）。

たとえ自分に興味のないことでも、利用者に合った話ができるように幅広く情報収集することこそ、話し上手になるために大切です。

専門用語を使わない

相手に内容が伝わらなければ、話す意味がありません。気をつけなければいけないのは、専門用語を使わないということです。

皆さんにとっては当たり前の言葉でも、利用者や家族にはまったくわからないことも多いものです。

たとえば、「既往症はありますか?」。これではわかりません。わかりやすい言葉に言いかえると、「以前かかった病気はありますか?」です。また、「清拭《せいしき》しますね」は「身体をきれいに拭きますね」です。

専門用語は相手にわかりやすい言葉に変換して話しましょう。

具体的に話す

一般的に、日本人の話し方はあいまいです。日本人は「和を大事にする人種」であるため、はっきり言葉に出さずに会話をするからです。

ただ、介護現場では、利用者や家族に正確に伝えなければならないことが多いので、具体的な話し方を意識します。たとえば、「朝のうちに」は「朝7時に」、「ときどき」は「15分おきに」、「しばらくしたら」は「30分後に」などです。

特に注意が必要なのは、会話の中に「あれ、それ、これ」が多い方です。話が通じていると思っていたら、実はまったく相手に意図が伝わっていなかったということがあります。利用者に「いつもの場所に入れておきます」と話したところ、「いつもの場所」の認識がまったく違うこともあります。事故につながるケースもありますので、具体的に話すことを常日頃から心がけておきましょう。

「間」を大切にする

スラスラと話すことが話し上手だと考えている方もいますが、意識的に話の中で「間」を入れることが効果的です。「庭にきれいなお花が咲いていますから、これから散歩に行って、散歩から帰ってきたら、入浴をしてすっきりしたら、お食事しましょうね」と話すよりも、「庭にきれいなお花が咲きましたよ」(間＝相手の反応を見る)「今からお花を見にお散歩に行きませんか」(間)「お花を見たら、入浴しましょうか」(間)「すっきりしますね」(間)。

会話の中に「間」を入れることで、利用者の反応がわかり、しっかりとコミュニケーションをとることができます。ぜひ心がけてみてください。

話し方のポイント

- 事前準備（情報収集）を大切にする
- 具体的な話し方を意識する（5W1H）
- 「間」を入れて相手の反応を見る

8 聞き方

相槌とうなずきで、相手が話したいと思えるようにする

話を聞く姿勢

自分自身が興味や関心のある話は、いつの間にか身を乗り出して聞いているものです。

このように、心は態度に現れます。話し手側からすれば、聞き手側が身を乗り出していると、「もっといろいろなことを話したい」という心境になります。

逆に、背もたれに寄りかかったままの姿勢だと、自分の話に興味がないと受け取られてしまいます。

拒絶のサインととらえられないようにする

よく腕を組んだまま話を聞く方がいますが、腕組みは拒絶のサインともいわれているので要注意です。心臓や自分の心を守っている姿勢に見えるため、相手に心を開いていないと思われてしまうのです。

また、立って話を聞く際、後ろ手にすると、横柄に見えるだけでなく、自分の心理状態を相手に悟られたくないという警戒心を表すので、注意しましょう。

日常的な会話の際には、手は自然に前で組むのが一般的です。ただ、利用者が不安を強く訴えているときなどは、背中をさすったり、手を握りながら話を伺うことも必要です。「手当て」という言葉がありますが、利用者の身体や心の痛みを伴う話を伺うときには、温かい手を添え

ることが、利用者の安心感につながります。

他にも、話を聞くときに出やすい癖は、座ったときに足を組むことです。これは相手に横柄な印象を与えてしまいます。男性は、足を大きく開きすぎることにも注意しましょう。

話をしたいと思える態度
——相槌とうなずき

私たちは話している相手のリアクションが少ないと、「興味がないのかなあ」と感じてしまいます。利用者や家族に「話をしっかり聞いている」と伝えるためには、相槌が重要です。聞き上手は、相槌の種類が豊富です。これは練習すればすぐに身につけることができます。

62ページに示したように、「はい」「ええ」は、利用者や家族との親しさの度合いで使い分けてください。相手が強く肯定してほしいと思っているときに便利な相槌です。

また、「そう」に「なるほど」を加えると、より強い肯定感を与えることができます。

相槌と同じ役割を果たすものとして、うなず

相槌のバリエーション

「はい」…「はい」「はい、そうですね」

「ええ」…「ええ」「ええ、ええ」

「そう」…「そう」「そうそう」「そうですよ」「そうですか」

きがあります。相手の話にうなずくことで、受容と共感の気持ちを伝えられます。

相槌とうなずきで気をつけなければならないのは、あまり大げさにならないことです。話している相手に合わせることが大切です。相手が大きな声でエネルギッシュに話しているならば構いませんが、静かにゆっくりと話す方であれば、やさしく相槌を打ち、ゆっくりうなずきます。相手のテンポに合わせることが最も重要なのです。

相槌の語源の由来は、鍛冶が刀を鍛えるとき、師が槌を打つ合間に弟子が槌を打つことを「相槌」といい、これが転じて相手の問いに答える意味や、相手の話に合わせる意味になりました。利用者、家族の話のテンポに合わせることを意識しましょう。

否定的な言葉に要注意

何を言っても「でも」「だって」「しかし」と反論してくる方は周囲にいませんか。いつも否定的に話を聞いていると、このような言葉が出てしまうものです。

否定的なことばかり言う方には、誰も話をしようとは思いません。そうした口癖の方は、注意が必要です。ただ、利用者はこちらの反応を試していることがありますので、相手が謙遜しているときは、「そんなことないですよ」と全力で否定することも大切です。

そして、相手の話はさえぎらずに最後まで聞きましょう。相手の言いたいことを先回りして理解できる方がいますが、これを繰り返されると、相手は話をしたくなくなります。なぜなら、自分の話を肯定されても、否定されても、「話を聞いてもらった」という満足感が得られないからです。特に、せっかちな性格の人は要注意です。

「カスタマーハラスメント」（暴行・脅迫・暴言・不当な要求といった、顧客による理不尽で著しい迷惑行為）に発展させないためにも、まずは、否定的に話を聞かない習慣を身につけることが大切です。

メモをとる

利用者や家族の話を伺うときにメモをとると、利用者は「自分の話が役に立っている」「自分を認めてもらっている」と感じて、どんどん話をしてくれることがあります。必要に応じて、メモをとるとよいでしょう。

もちろん、「話していただいてありがとうございました」とお礼の言葉を添えることも大切です。

聞き方のポイント

- 聞く態度や表情に気をつける
- うなずき・相槌で共感していることを伝える
- 相手を否定しないことを意識する

9

報告・連絡・相談

大きなトラブルになる前に早めの「報連相」を心がける

「報連相《ほうれんそう》」は仕事の基本マナー

仕事におけるコミュニケーションの基本マナーは、組織内で「報告・連絡・相談」をきちんと行うことです。何かトラブルが発生したとき、大きなクレームに発展させないためにも、そのことを習慣化させましょう。

「報告・連絡・相談」の仕方によって仕事ができるかどうかを判断されてしまうこともあります。特に大切なことやミスについては、聞かれるまで待つという姿勢ではなく、自ら進んで報告します。

また、不安なことがある場合は、恥ずかしがらずに、先輩や上司に相談しましょう。一人で抱え込むのが一番問題です。

報告

指示・命令を出した人に、その進捗状況や完了したこと、結果を知らせることです。
指示・命令を受けた人は「報告」する義務があります。

↓

連絡

連絡とは、情報の共有化のことです。
現在起こっていることや新しい情報を、関連のある人に知らせます。

↓

相談

どうすればよいか迷ったとき、決断で悩むときに、他者にアドバイスやヒントを仰ぐことです。
話し合いによる相乗効果で解決策が見えてくることもあります。

仕事を進める5STEP

指示を受けたら、それに対して手順・段取りを計画して実行します。実行の結果は上司に報告します。うまく進まなかった場合は、計画を点検し、改善策を考えます。改善策が浮かばないときは上司に相談しましょう。

この5STEPを繰り返し行うことで、上司から信頼を得られるようになります。

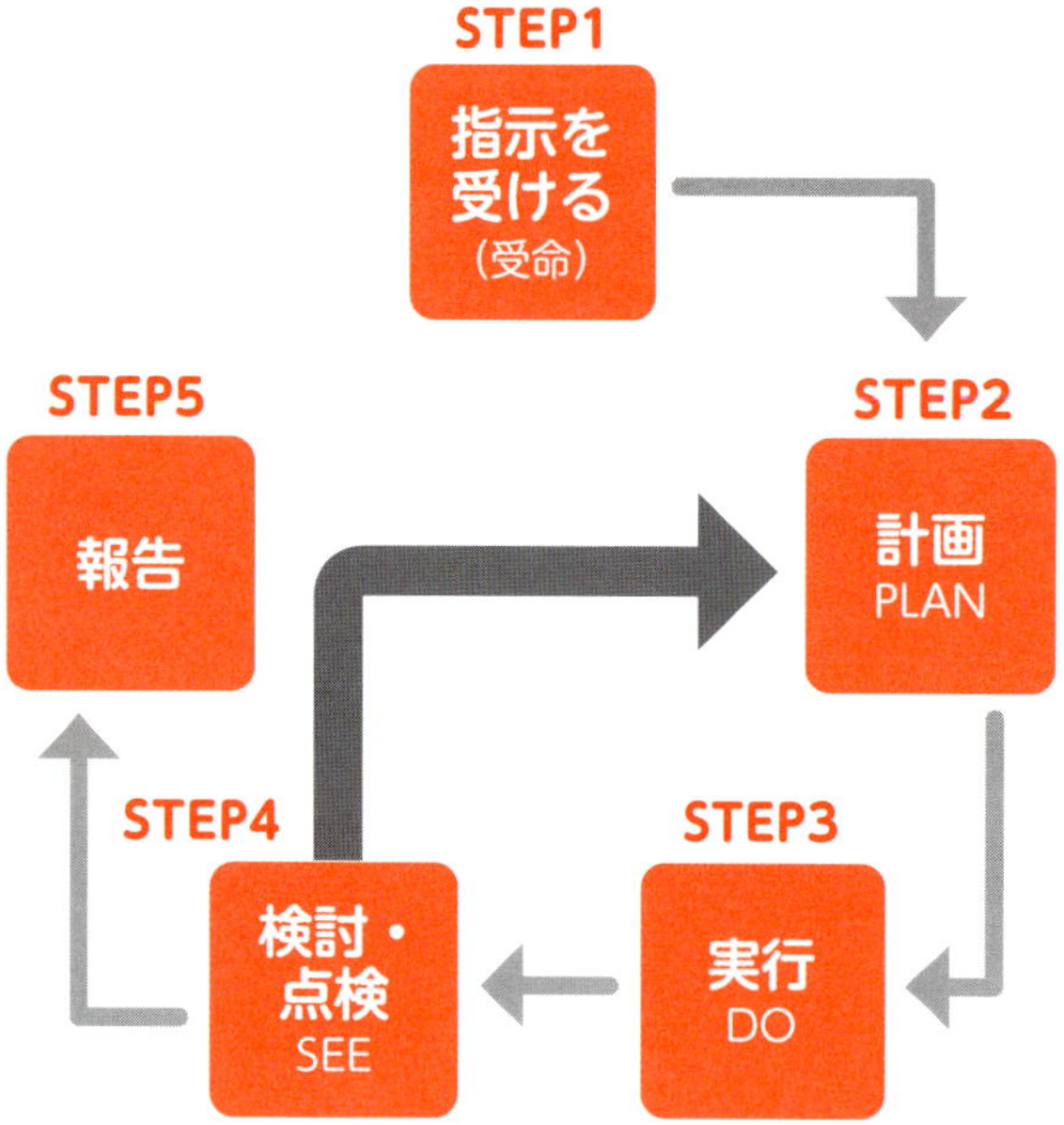

受命

- 5W1Hを把握する
- 要点をメモしながら聞く
- 不明確な部分は質問する
- 復唱し、確認する

計画

- 目標設定、達成基準を明確に定める
- 仕事の手順、段取りを考える
- 優先順位をつける

実行/検討/点検

- 計画とのズレが発生したら、上司に報告し、自らも手を打つ
- うまくいかなかったことを点検し、改善案を考える

報告

- 事実と意見を区別して報告する
- 結論→理由→経過→意見の順
- 指示を受けた上司に報告する
- ミスやクレームのトラブル時には即刻報告！

報告・連絡・相談の仕方

「報告・連絡・相談」は文書と口頭に大別され、目的に合わせて行います。また、状況によって口頭と文書の両方を行う場合もあります。

口頭

❶急を要するとき
❷内容が軽いもののとき
❸日常業務の事前報告
❹文書報告の事前報告
❺業務上のミスが生じたとき
❻長期を要する業務の経過報告のとき

文書

❶正確さを必要とするとき
❷保存する必要があるとき
❸文書で命ぜられているとき
❹定期報告（日報・週報・月報）

10

職場内の情報共有

状況に応じてツールを使い分ける

職員間の情報共有が不可欠

職場内での連絡は、情報共有のために頻繁に行われるものです。現在起こっていることや新しい情報は、関連のある人に迅速に知らせる必要があります。介護の仕事はチームで行いますので、連絡が滞らないようにしなければなりません。

その方法としては、口頭での連絡のほか、勤務時間が異なる場合は、メモや連絡ノート、メールやチャットツール等があり、状況に応じて適切に活用しましょう。

メールの送信

メールにはある程度決まった形式があるので、丁寧なやりとりができます。送信後に編集・削除することはできませんが、履歴を残せるので、やりとりを記録しておきたいときは、メールでの連絡がおすすめです。

相手の時間を拘束しないのがメールのメリットですが、送信しただけでは相手に届いているのか、相手が内容を読んでくれたのかがわかりづらい面もあります。相手が読んだのか不安であれば、直接口頭で確認することも必要です。

職場内メールのポイント

1. 件名はわかりやすく
2. 誤字脱字・添付忘れに注意
3. 誤送信（宛先間違い）に気をつける
4. 内容は簡潔にわかりやすく
5. 相手への敬意を忘れない

メールの宛先には「TO」「CC」「BCC」があり、状況に応じて次のように正しく使い分けます。

TO……主たる送信先
CC……参考情報として共有するための送信先
BCC……メールアドレスを伏せて送信する場合

メールの返信

メールの返信については、可能な限り早めに対応します。CCやBCCで受け取った場合は、基本的には返信しなくても問題ありません。

CCを活用した情報共有は便利ですが、受信者全員のメールアドレスが表示されるので、メールを受信する相手にも配慮し、本当にCCで共有すべきかどうかをしっかりと考えてから設定しましょう。

職場内メールの例

件名：**ミーティング資料の件**

〇〇〇　施設長

お疲れ様です。〇〇です。
メールを拝読いたしました。

次回のミーティングまでに以下の資料を用意いたします。
・●●●●
・△△△△

その他に必要な資料などがありましたらご教示ください。
どうぞよろしくお願いいたします。

（署名）社会福祉法人〇〇〇会
〇〇〇〇

チャットツールの使い方

チャットツールは1対1から複数人まで、実際に会話をしているようなテンポで手軽にやりとりできるのが特徴です。リアルタイムでの意思疎通が可能なので便利ですが、気軽にコミュニケーションをとれるだけに、職場にふさわしい言葉づかいを心がけましょう。

また、リアルタイムでの連絡が可能な分、相手の時間を拘束してしまう可能性もありますので、連絡の時間帯には配慮が必要です。

職場内チャットツールのポイント

1. メッセージを送る時間に気をつける
2. 結論から簡潔に伝える
3. 早めの返信を心がける
4. 返信と反応を使い分ける
5. 相手への敬意を忘れない

絵文字やスタンプの使い方

絵文字やスタンプについては、上司・先輩が絵文字やスタンプを付けてメッセージを送ってきた場合は、自分も同じように返信するとよいでしょう。

職場内でスタンプや絵文字を使うのは失礼だと思い、文章だけで返信し続けると、相手は距離を取られているように感じてしまう場合もあります。コミュニケーションの一つの手段として、上手に使っていきましょう。

メンションの使い方

また、ビジネス系グループチャットツールで、発信相手を明確にするときには、メンション「@ユーザー名」を入れると、相手を指定してメッセージを送信できます。

グループ内で、特定の相手にメッセージを送るために使い、他のメンバーに見られても差し障りないときに使うのが、メンションの正しい使い方です。なお、メンションに「さん」を付けるかどうかは、グループチャットメンバーで、「さん」の有無を事前に統一すると、誤解を与えずに済みます。

相手への敬意を忘れない

職場内の連絡は、相手の立場になって考え、対面でもメールやチャットツールでも、相手への敬意を常に忘れないようにします。また、上司に「どのようなとき」「どのような連絡ツール」を使うのかを、事前に相談することで、職場内の連絡が円滑になります。

なお、メールだけ、チャットツールだけの連絡に偏らないよう、対面で顔を合わせる機会があるときには、重ねて口頭で伝えることも、職場内の大切なマナーです。

11 謝罪
相手の心情を理解して謝罪の言葉をかける

失敗は誰にでもあるもの

一生懸命仕事をしても、すべてがうまくいくわけではありません。人生の中で、誰しも失敗することがあるでしょう。

しかし、失敗を失敗で終わらせるのではなく、今後に活かすことが大切です。まずはきちんと謝り、同じことを繰り返さないように注意しなければなりません。

自分の謝り方は、他人の目にどのように映っているでしょうか。適切な謝罪の方法を知っておきましょう。

クレーム対応が上手にできない理由

クレームへの対応がうまくいかないのは、謝罪の気持ちが相手にはきちんと伝わっていないことが原因です。まずは、態度と言葉で相手が不快になっている目の前の事実を真摯に受け止め、謝罪をすることです。

言葉だけでなく、しっかりと頭を下げないと、相手は謝罪と受け止めてくれません。このとき大切なのは、きれいにお辞儀をすることではなく、申し訳ないという気持ちを示すために、しっかりと自分の後頭部を相手に見せ、少し長めに頭を下げることです。

この謝罪の仕方は、利用者や家族だけでなく、上司や先輩に対しても同様です。

適切でない対応

❶相手が不快に思っていることに対して
…お詫びができない

❷相手のクレームを最後まで聞かず
…言い訳をしてしまう

❸どんなクレームが発生しているのか
…事実確認をしていない

クレーム対応の基本プロセス

マナーとは、社会人としての〝型〟を身につけていくことですが、クレーム対応にもこの〝型〟があります。それが「基本プロセス」です。まずはこの「基本プロセス」をしっかりと身につけることが大切です。

もちろん、クレーム対応した際には、すぐに上司に報告することが重要です。理不尽なクレームもありますので、そのときにはいち早く上司に相談します。

クレームの再発防止を目指すためには、職場内できちんとしたクレーム対応の体制をつくっておかなければなりません。そのためにも、「スタッフ間の連携の強化」が何よりも大切です。

クレームを担当者に引き継ぐ際は、相手からの用件も引き継ぎ、担当者不在時に発生したクレームについては、事前事後の連絡調整を確実にしましょう。記録を丁寧に残し、相手に二度、三度同じことを聞くことがないようにしましょう。

❶お詫び

◆ 利用者や家族の心情を理解する謝罪の言葉をかける

- 大変申し訳ございませんでした
- ご不快な思いをさせてしまい誠に申し訳ございません
- お時間をとらせてしまい誠に申し訳ございません
- ご不便をおかけいたしまして誠に申し訳ございません

▼

❷原因・事実の確認

◆ 尋問調にならないように、「おそれいりますが、○○でしょうか？」といった話し方で確認

◆ 5W3Hを意識してメモをとる（すべてを書き取ることはできないので、重要な部分の言葉をメモする）

5W3H

When（いつ）、Where（どこで）、Who（誰が）、Why（なぜ）、What（何を）、How（どのように）、How many（どのくらい）、How much（いくら）

▼

❸代替案・解決策の提示

◆ 利用者、家族の気持ちが落ち着いてから冷静に提示する

12

面会・来客時のマナー

気持ちよくお客様を迎え入れる

家族などが面会に来たときの対応の仕方で、施設のイメージが決まります。おもてなしができるスタッフは、組織にとって大きな財産です。気持ちよくお客様を迎え入れるための基本的な対応方法を知っておきましょう。

迎え方

・笑顔で心をこめてあいさつ

「おはようございます」「こんにちは」「いらっしゃいませ」「お待ちしておりました」

・感謝の言葉を忘れずに

「本日はお越しいただき、ありがとうございます」

部屋への案内

「お待たせいたしました。応接室へご案内いたします」などと声をかけ、部屋まで案内します。

引いて開けるドアの場合

ドアを開け、お客様を先に通します。

押して開けるドアの場合

自分が先に入ってから、お客様を通します。

席次のマナー

室内や車内における席次には、目上の人や年長者に対する敬意、あるいは来客に対するおもてなしの心が込められています。上座と下座がありますが、上座は入り口から遠いところ、下座は入り口から近いところという基本を覚えておきましょう。

また、臨機応変に考えることが必要な状況もあります。たとえば、大きな窓があり、美しい景観や眺望が臨める場合には、入口側であっても景色が見える側が上座になることもあります。

なお、職場内の会議などでは席次が決まっている場合もありますので、上司や先輩に確認するようにしましょう。

78ページ以降にさまざまな場での席次マナーを示していますので、参考にしてください。

お茶の出し方

昔から日本人は、お客様におもてなしの心を伝えるためにお茶を出してきました。場の雰囲気を和らげるためにも大切なことです。わざわざ足を運んでくれたお客様に、のどの渇きを癒し、くつろいでいただくというおもてなしの心が込められています。

何度も練習したり、実際にお客様に出して、たくさん経験を積むことで、スマートにできるようになります。もちろん、笑顔も添えるようにしましょう。

また、話が長引いているときは、新しいお茶を出すようにします。コーヒーや紅茶に変えてもよいですが、状況にもよるので、先輩や上司に相談し、臨機応変に対応しましょう。

お茶の出し方

□お茶を出す準備

- 人数を確認します。
- お茶碗や茶たくをチェックします（汚れやひび割れがないか）。
- 濃さが均一になるよう、少しずつ順に注ぎます。

□お茶の出し方

- お盆に、茶碗、茶たく、布巾《ふきん》をセットします。茶たくに茶碗をのせずに持っていきます。
- ドアをノックし、「失礼いたします」とひと言添えます。
- 息がかからないように、お盆は身体の正面を外して持ち運びます。
- 入室したら軽く会釈します。
- サイドテーブルにお盆ごと置き、茶たくに茶碗をセットします。
- 上座のお客様から順に出します。

※サイドテーブルがない場合は、下座側にお盆を置いてからお出しするか、状況により左手でお盆を低い位置で持ち、右手でお出しします。

※お菓子がある場合は、お菓子をお客様の左手前側、お茶を右側に置きます。

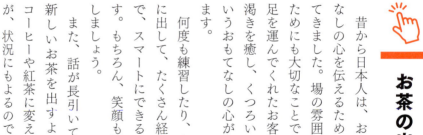

見送り方

・笑顔で心を込めて、「本日はありがとうございました」とあいさつします。

・来客との関係や状況により変わりますが、原則的には玄関で見送ります。

・車いすや杖の方の場合は、安全に乗り物に乗れたのか確認します。

・タクシーを呼ぶ必要があるかどうかも確認しましょう。

・タクシーの運転手に行き先や荷物のことを忘れずに伝えます。

参考 さまざまな場での席次マナー

数字の順番に、目上の人から位置するようにします

エレベーター

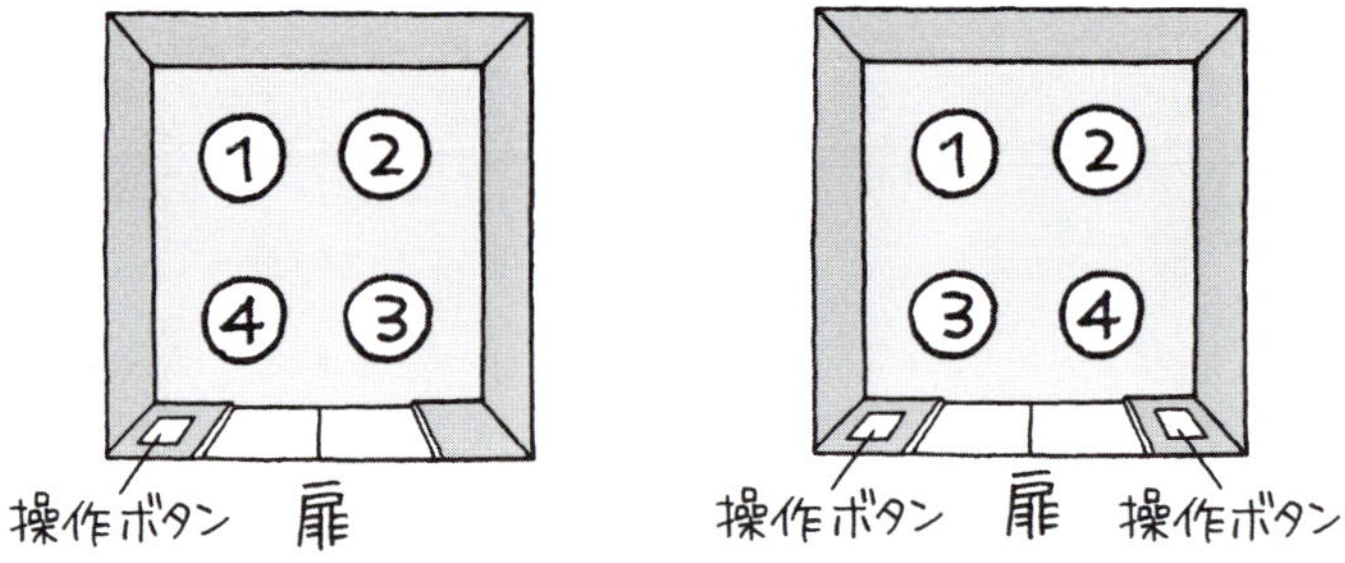

自動車

タクシー・ハイヤー　　自家用車

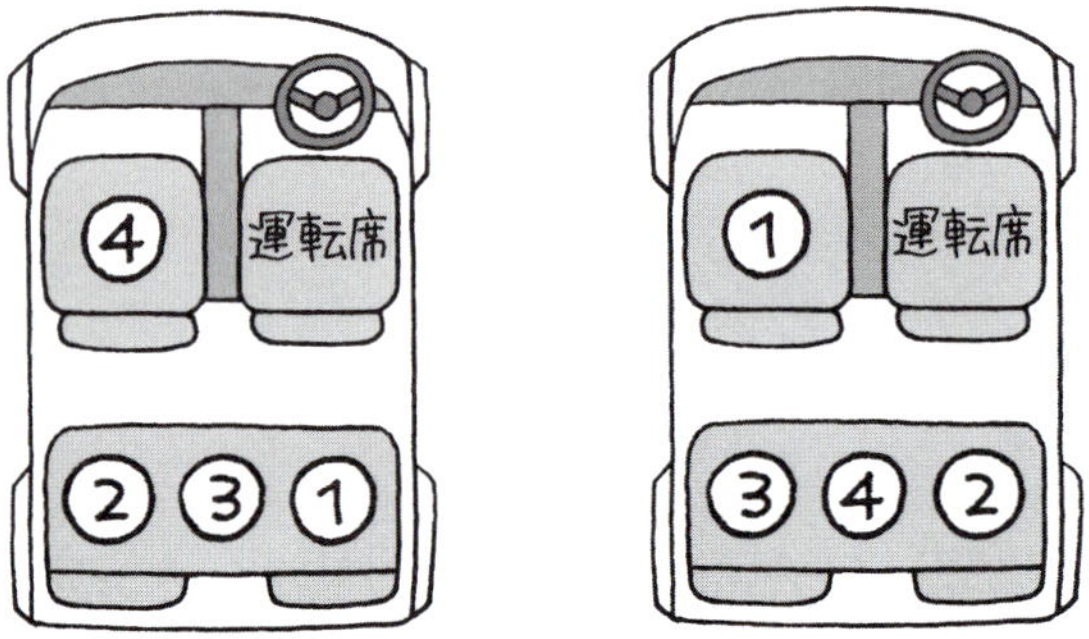

電車

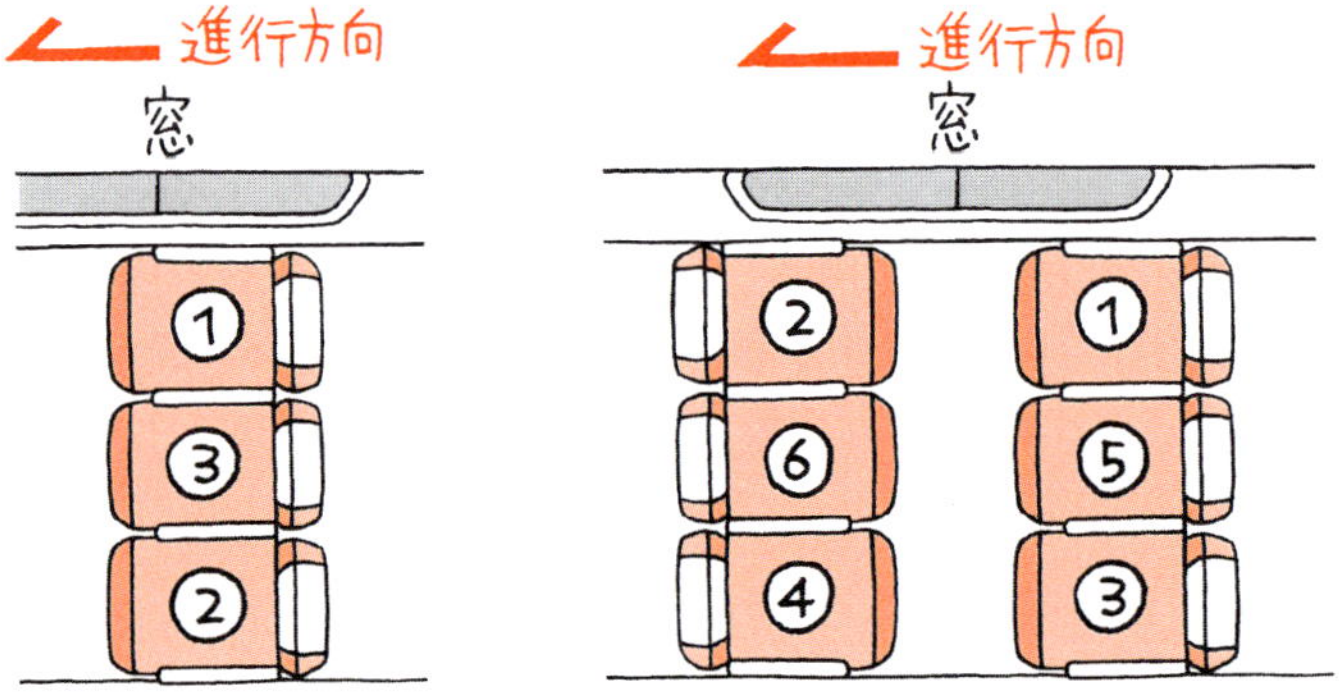

ソファのある部屋

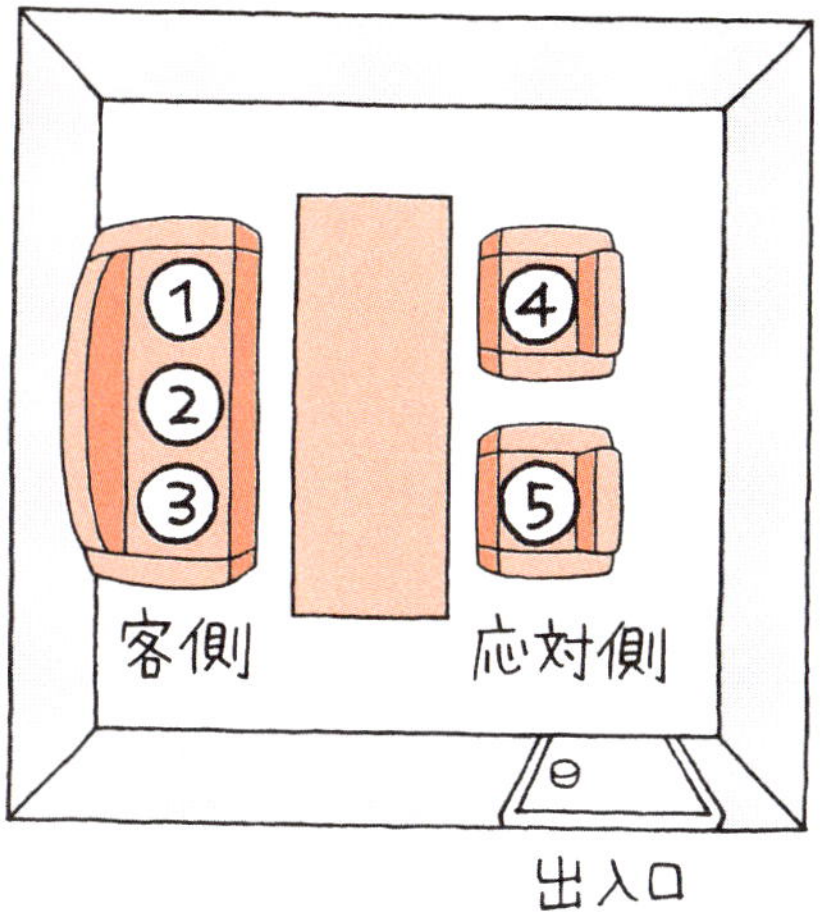

和室

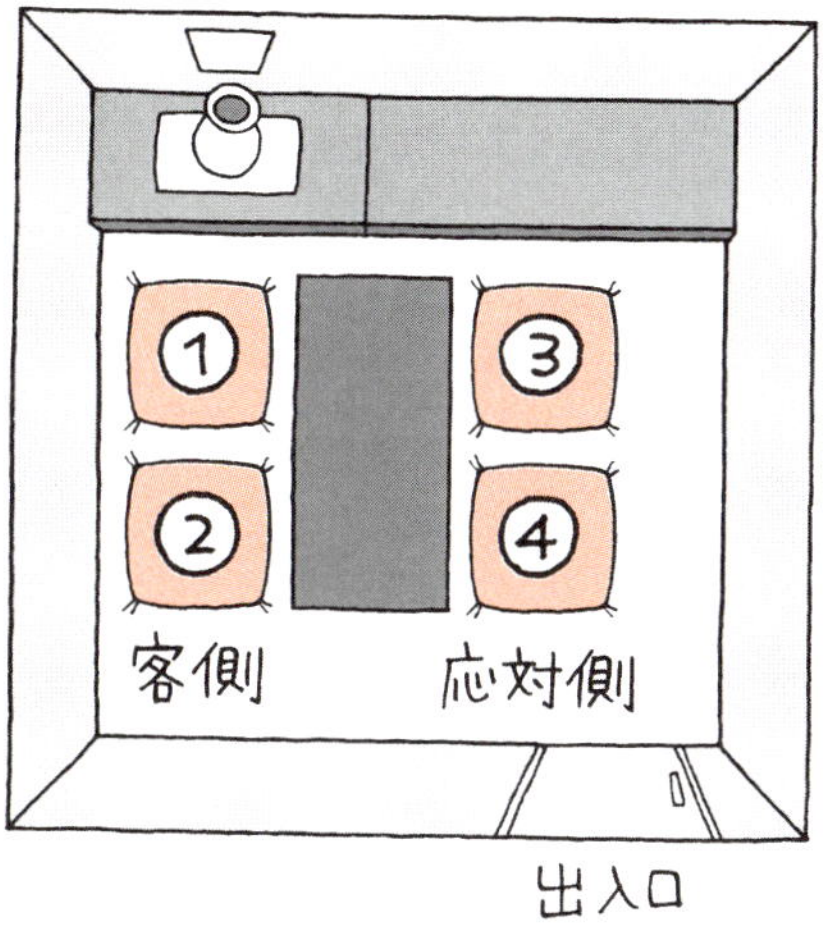

洋室（対面形式）

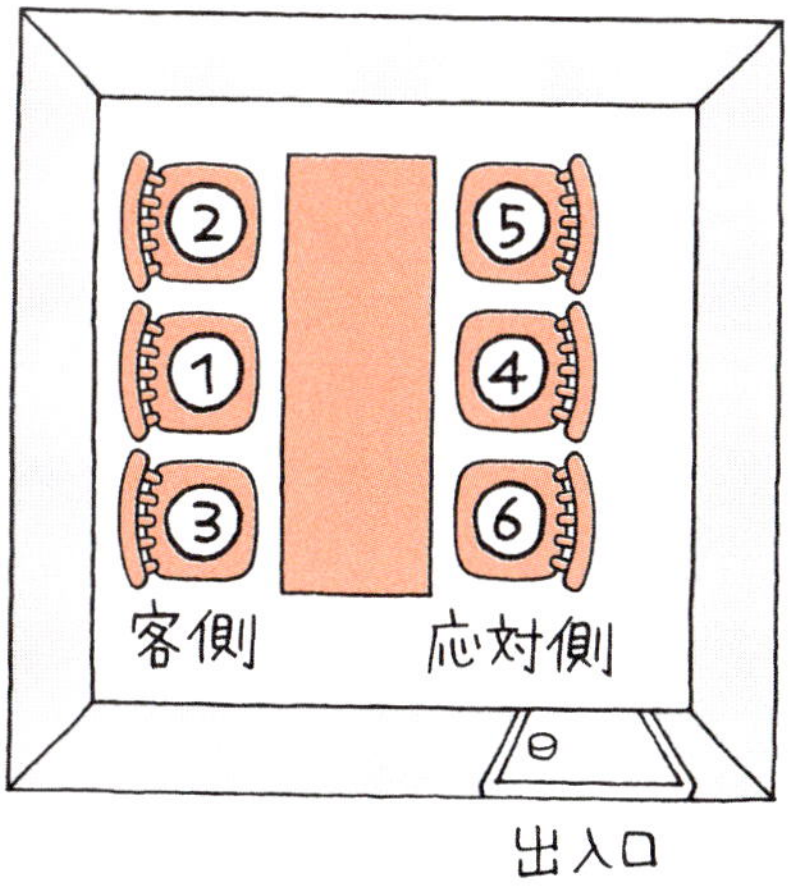

会議室（社内会議）

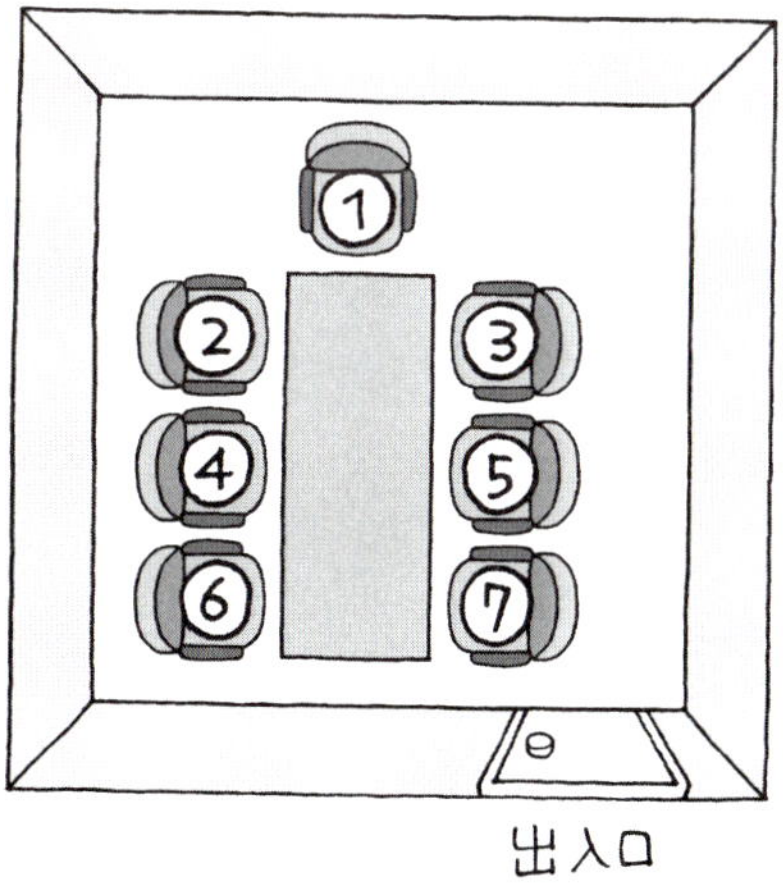

13 訪問時のマナー にこやかな表情を心がけ、身だしなみにも気をつける

訪問前の準備

訪問をするときは、事前の約束が必要です。状況や相手との関係などに合わせた心づかいをしましょう。

□約束する（電話の場合）

・先方の都合を伺い、訪問の目的、日時、所要時間、訪問人数を伝えます。
・場所を確認し、内容を復唱し、再度確認をします。

□事前確認

・訪問予定日の2～3日前、あるいは前日に約束の確認とあいさつをしておきます。

到着時

・約束時間の5分前に到着するようにしましょう。
・コートやマフラー、手袋などは玄関の外で外しておきます。
・アメやガムを口に入れながらの訪問は厳禁です。
・インターホンで来訪を告げます。「おはようございます」「こんにちは」「ごめんください」とあいさつし、「私、△△の○○でございます。本日は××のために伺いました」など、自分の名前と訪問の目的を伝えます。

到着後（部屋に入ってから）

・履き物を脱いで上がるときには、前向きで上がり、ひざまずいて履き物の向きを直して、隅に

寄せます。

・「お邪魔いたします」などとあいさつし、部屋に上がります。

・スリッパがあるときには、「失礼します」と断ってから履きます。

・部屋に通され、相手を待つときは下座側で待機します。

帰るとき

・原則として、訪問した側から話を切り上げます。

・帰り支度は速やかに、コート類は玄関の外に出てから着ます。

・お見送りを辞退し、「こちらで結構です」と言葉をかけます。

・「お世話になりました。次は○○にお伺いさせていただきます。ありがとうございました」など、感謝の言葉を添えましょう。

名刺の渡し方

・名刺は、きちんと名刺入れに入れて持ち歩きます。
・折れていたり、汚れている名刺は、相手を不快にさせます。名刺は自分の分身ですので、きれいなものをお渡しします。
・名刺は訪問者から先に差し出します。
・自宅に訪問して名刺をお渡しする際は、こちら側のみの場合が多いので、両手で名刺をお渡しします。

※ビジネスの場においては、同時に名刺交換を行うこともよくあります。この場合、相手が差し出した名刺の高さよりも低い位置で差し出すことで、謙虚さを表すことができます。

遅刻しそうなとき

・遅刻することがわかった時点で、すぐに訪問先に電話連絡をします。連絡がないと、何かあったのかと先方に心配をかけることになります。事業所への報告も必要です。

・到着後にまず「本日は遅れてしまい、大変申し訳ございません」と丁寧に謝ります。帰る際にも再度丁寧にお詫びをしましょう。

訪問時のポイント

・初めての訪問時は、お互いに緊張するので、まずはにこやかな表情であいさつしましょう。

・自宅に上がる訪問の際には、身だしなみ（特に靴や靴下）に気をつけます。

・自宅に訪問する際には、他人にはふだん見せない部分や家族関係まで見えることがありますので、プライバシーには十分に気をつけて、守秘義務を守りましょう。

14

電話応対

顔が見えないからこそ、明るく、丁寧に応対する

電話応対は信頼の第一歩

電話応対では、あなたが施設や事務所の代表者としてみなされます。あなたの応対が不快なものであれば、利用者や家族からの信頼を失うことにもなりかねませんので、会って話す以上に気をつけなければなりません。

まずは電話の操作方法（保留や転送など）を確実に覚えましょう。そして、組織内の働く人の名前を把握します。また、自分が働く組織の基本情報はきちんと覚えておきます。

〈組織の基本情報〉

住所、電話番号、部署・支店・組織図、最寄り駅からの道のり・駅からの道のり、交通手段、駐車場の有無など

電話応対の鉄則

❶明るく…
にこやかによい姿勢で電話に出ると、声の調子が明るくなる

❷丁寧に…
敬語を忘れない

❸正確に…
必ずメモを用意して、名前や電話番号などは復唱を心がける

❹迅速に…
電話は３コールまでにとる
※４コール以上鳴らしてしまったら、「お待たせいたしました」の一言を添える

安心感を与えるポイント

❶あいさつ言葉での受け方を施設内で統一しておく

例:「おはようございます。○○ホーム、○○でございます」 ※「もしもし」は使わない

❷用件を伺い、復唱確認する

❸自分の名を名乗る

❹受話器の近くの音や話の内容は、相手に聞こえるので注意する

❺心づかいの言葉を多く取り入れる

命令形は「～していただけますか?」という依頼の形にする。

❻終わりを大切にする

ひと呼吸置いて、音がしないように受話器を置く。

知っておきたい電話のマナー

❶名刺に携帯電話の番号が入っていたら、事前にこの番号の使用を確認する

❷電話をかけたときは、「今お電話よろしいでしょうか?」と聞く

❸スタッフの携帯番号は原則的に教えない(こちらから取り次ぐようにする)

❹スタッフの個人情報は、社内・社外問わず教えない

❺クレームの電話には、すぐに反論せず、誠心誠意応対する

✕ 嫌われる電話応対

◆ 声が暗い　◆ 早口で話す　◆ 口調がとげとげしい

伝言メモの残し方

電話応対においては、話すことはもちろん、メモをとることも重要になります。特に、介護職は利用者の様子を記録する機会が多いので、日頃からメモをとる習慣を身につけておきましょう。

また、仕事を覚えるうえでも、教えてもらったことを忘れないように、施設のルールや仕事のやり方、上司や先輩からの指示等をしっかりとメモすることが肝要です。

メモに必要な項目

- 用件、受けた日付、時間、自分の名前
- 5W3Hの要領で確認

When（いつ）
Where（どこで）
Who（誰が）
Why（なぜ）
What（何を）
How（どのように）
How many（どのくらい）
How much（いくら）

電話をかけるときは要点を整理する

あらかじめ用件を整理してメモに書いておくと、落ち着いて電話をかけることができます。

注意

- 机の上にテープなどで止めて、飛ばないように気をつけましょう。
- 忘れずに口頭でも確認しましょう。
- 電話応対に慣れていないときには、あらかじめフォーマットが決まっている用紙に書くことをおすすめします。

伝言メモ

＿＿＿＿＿＿様　　　　　　　　受

月　日（　）　□AM □PM　時　分

＿＿＿＿＿＿様から

□電話がありました
□電話をいただきたい（TEL　　　　　）
□もう一度電話します（　　　　時頃）

□来社されました
□来ていただきたい　（場所　　　　　）
□もう一度訪問します（　　　　時頃）

MEMO

電話のケース別言い回し（例）

状況	言い回し
朝10時半ぐらいまでのあいさつ	おはようございます。 ○○ホーム　○○でございます。
4コール以上鳴らしたら	お待たせいたしました。○○でございます。
名指し人があり、取り次ぐとき	○○でございますね。少々お待ちください。
名指し人が外出中のとき	あいにく、○○は外出しておりますが、 ○時には戻ってくる予定となっております。
名指し人が席をはずしている	あいにく○○は席をはずしておりますが、戻り次第、 こちらからお電話いたしましょうか？
名指し人が会議中のとき	あいにく○○は会議に出ております。 あと、○時間くらいで終わる予定でございますが、 終わり次第こちらからお電話いたしましょうか？
代わって用件を聞く	もしよろしければ、私が用件を承りますが、 いかがいたしましょうか？
相手用件を受けて	はい、かしこまりました。承知いたしました。
用件や伝言を預かったとき	私、○○が承りました。お電話ありがとうございました。
相手が名乗らないとき	失礼ですが、どちら様でいらっしゃいますか？
聞き取れなかったとき	申し訳ございません。お電話が少々遠いようなのですが、もう一度お伺いしてもよろしいでしょうか？
質問に答えられないとき	申し訳ございません。私ではわかりかねますので、担当者と代わります。少々お待ちくださいませ。
相手がとても忙しそうだったら	お忙しいところ、恐れ入ります。
急用ではないが、対応をお願いするとき	急用ではございませんので、お時間のあるときにお願いいたします。
折り返し電話をもらうとき	ご面倒をおかけいたしますが、折り返しお電話くださいますようよろしくお願いいたします。
朝早く電話をしたとき	朝早くから申し訳ございません。
お昼時に電話したとき	お昼時に申し訳ございません。
夜遅くに電話したとき	夜分に申し訳ございません。

15

文章のマナー

情報の信頼性と保存性を高める

文章に残すことの大切さ

仕事を進めるなかでは、利用者や関係機関への連絡、組織内の報告など、文章を書く機会が多くあります。文章が苦手という人も多いと思いますが、手紙やビジネス文書、電子メールなど、伝達手段に応じた一定の形式を守ることが、まず押さえておきたいマナーとなります。

仕事上のやりとりを文書で行うことによって、情報の信頼性と保存性が高まります。マナーを知ったうえで、必要なときは積極的に文章でのコミュニケーションに取り組みましょう。

書き方の流れ（ここでは、お礼状を例にしています）

頭語 ← 前文 ← お礼文 ← 本文 ← 結語

まずは、頭語と結語を決めます。

頭語と結語

頭語と結語は対応して用いるようになっています。

「拝啓」➡「敬具」「敬白」（一般的な手紙）
「一筆申し上げます」
➡かしこ（女性が書く場合）
「前略」➡「草々」（前文省略の場合）
「謹啓」➡「謹言」、「謹白」（丁寧な手紙）
「急啓」➡「草々」（急用の場合）
「取り急ぎ申し上げます」
➡かしこ（女性が書く場合）
「拝復」➡「敬具」（返事の場合）
「お手紙拝見しました」
➡かしこ（女性が書く場合）

前文

◆時候のあいさつ

〈1月〉

漢語調「〜の候」「〜のみぎり」

初春、新春、酷寒、大寒、厳寒、厳冬、寒風、寒冷、孟春、芳春、麗春、小寒、極寒、甚寒、仲冬、季冬、頌春、新陽、年始、烈寒、寒鮒、若葉、南天、寒梅

口語調

寒さも緩み、気持ちのよいお正月を迎えました
謹んで新春のご挨拶を申し上げます
このところ例年にない寒さが続いております
寒の入りとはいうものの例年にない暖かい日が続いております

〈2月〉

漢語調「〜の候」「〜のみぎり」

余寒、残寒、残冬、晩冬、向春、立春、春浅、中陽、梅鶯、春寒、厳寒、季冬、上春、節分、梅花、早春、解氷、残雪、紅梅、梅匂、晩寒、春雪、梅月、葉牡丹

口語調

立春を迎え、寒さも一息ついております
暦の上に春は立ちながら寒さが続いております
朝夕にはまだ寒さが残っております
寒さのなかにもどことなく春の訪れを感じるころとなりました

〈3月〉

漢語調「〜の候」「〜のみぎり」

早春、浅春、季春、春分、春色、春暖、春風、春雨、麗日、軽暖、啓蟄、春雪、仲春、浅暖、弥生、若草、春寒、春陽、残春、春情、初春、陽炎、春光、仰梅

口語調

日ごとに暖かさを増し春めいてまいりました

早春とはいえ、寒さの続く毎日を迎えております

一雨ごとに春めいてまいりました

日差しにもようやく春の訪れを感じるころとなりました

〈4月〉

漢語調「〜の候」「〜のみぎり」

春日、春和、春粧、桜花、陽春、春暖、仲春、麗春、春嵐、清明、晩春、穀雨、春和春風、春色、暮春、温暖、春信、春暁、青麦、桜、藤の花、菜の花、つつじ、花曇り

口語調

花冷えの日が続いております

花の便りに心弾ませる季節となりました

希望にあふれる輝かしい春をお迎えのことと存じます

花の盛りも過ぎ、草木の緑がいよいよ濃くなってまいりました

〈5月〉

漢語調「〜の候」「〜のみぎり」

若葉、青葉、薫風、藤花、立夏、初夏、向暑、新緑、晩春、惜春、暮春、緑風、残春、小満、余花、万緑、軽春、微暑、更衣、時鳥、初鰹、新茶、牡丹、草笛、葉桜、深緑

口語調

風薫る心地のよい季節となりました

若葉の緑が日ごとにすがすがしく感じられるころとなりました

青葉を渡る風も爽やかに感じられるころとなりました

吹く風に初夏のすがすがしさを感じる昨今

〈6月〉

漢語調「〜の候」「〜のみぎり」

梅雨、入梅、初夏、向暑、薄暑、麦秋、首夏、黄梅、青葉、長雨、夏至、新樹、青葉、深緑、夏秋、短夜、霖雨、小夏、梅天、梅雨空、梅雨

晴れ、あじさい、早乙女

口語調

時候不順の折から
梅雨とはいえ、連日好天が続いております
暑さが日増しに厳しくなってまいりました
夏の爽やかな風を楽しむころとなりました

〈7月〉

漢語調「～の候」「～のみぎり」

仲夏、真夏、盛夏、炎暑、酷暑、猛暑、大暑、小暑、極暑、向暑、驟雨、梅雨明け、炎熱、灼熱、魂祭、夏空、夕涼み、山開き、川開き、白雨、雷、夕立、朝露、星祭り

口語調

梅雨も明け、本格的な夏を迎えました
海山の恋しい季節となりました
寝苦しい夜が続いております
暑さもしのぎがたい毎日が続いております

〈8月〉

漢語調「～の候」「～のみぎり」

晩夏、立秋、残炎、残夏、新涼、秋暑、暮夏、盛夏、処暑、向秋、残暑、納涼、季夏、早涼、朝顔、鈴虫、松虫、花火、桂月、風月、川開き、萩月、葉月、こおろぎ

口語調

立秋とは暦の上、相変わらずの暑い日が続いております
残暑ひとしおお身にしみる毎日を迎えております
朝夕は幾分しのぎやすくなりました
朝夕には、吹く風に秋の気配を感じるころとなりました

〈9月〉

漢語調「～の候」「～のみぎり」

孟秋、初秋、新涼、秋色、野分、秋涼、爽秋、清涼、新秋、白露、秋冷、仲秋、秋分、秋霖、涼風、新秋快適、早秋、秋気、稲妻、台風、厄日、秋晴れ、秋の夜、仲秋名月

口語調

味覚の秋となりました
虫の音に秋の訪れを感じております
すすきの穂も揺れる季節となりました
すがすがしい秋晴れが続く昨今ですが…

〈10月〉

漢語調「〜の候」「〜のみぎり」
仲秋、紅葉、秋容、秋涼、秋冷、秋晴、秋雨、爽秋、錦秋、清秋、菊花、寒露、夜長、秋天、天高く馬肥ゆる、黄葉、野分、豊年、名月、落穂、秋深し、味覚、菊花薫る

口語調
秋風の快い季節を迎えました
爽やかな秋晴れの日が続いております
木々の葉もすっかり色づいてまいりました
秋晴れの心地よい季節となりました

〈11月〉

漢語調「〜の候」「〜のみぎり」
季秋、晩秋、暮秋、向寒、落葉、深秋、立冬、孟冬、初冬、初霜、寒気、菊花、深冷、初雁、冷雨、残菊、夜寒、秋冷、白菊、初雪、霜降、霜寒、霜降月、雪待月、ゆく秋

口語調
落ち葉散るころとなりました
秋気いよいよ深まってまいりました
朝夕は一段と冷え込む日が続いております
初雪の便りも聞こえる今日このごろです

〈12月〉

漢語調「〜の候」「〜のみぎり」
孟冬、初冬、初雪、冬至、師走、向寒、厳寒、明冷、寒冷、歳末、歳晩、霜寒、寒気、仲冬、初霜、短日、木枯、霜夜、寒季、季冬、新雪、霧氷、焚火、除夜、忙月

口語調
年の瀬の寒さひとしおでございます
今年もいよいよ押し詰まってまいりました
年末を迎え、何かとお忙しいことと存じます
何かと気ぜわしい歳の瀬を迎えるころとなりました

〈季節を問わない書き出しの言葉〉

時下ますますご清栄のこととお喜び申し上げます。
○○様には、ますますご健勝にてご活躍のことと存じます。
天候不順のみぎり、お元気でご活躍のことと存じます。
いつお会いしても活力に満ちた○○様、その後もお元気でご活躍のことと存じます。
※ビジネス文書においては、時候のあいさつの代わりに

「時下ますます〜のこととお喜び申し上げます」も使われます

時下ますます　個人宛→ご健勝　ご清祥　ご清栄

法人等団体宛→ご発展　ご隆盛

お礼文

日頃は格別のご厚情を賜り、誠にありがとうございます

平素は並々ならぬお引き立てを賜り、心より感謝申し上げます

○○様にはいつも温かいお心づかいをいただき、感謝しております

先日は○○の件で大変お世話になり、ありがとうございました

主文

（本文を自由に書く）

結びのあいさつ

まずは書中にて御礼申し上げます。時節柄、いっそうのご自愛のほどをお祈りいたします

天候不順のみぎり、どうかお体を大切になさってください

末筆ながら、ますますのご健勝とご多幸をお祈り申し上げます

・相手の自愛を祈る結びのあいさつ

ご活躍をお祈りいたしております

ご多幸をお祈りいたします

時節柄、一層のご自愛のほどをお祈りいたします

末筆ながら、ますますのご健勝とご多幸をお祈り申し上げます

・今後のことを頼む結びのあいさつ

なにぶん今後ともよろしくご教導賜りたく存じます

今後ともご高配を賜りますよう、よろしくお願い申し上げます

なにとぞ、末長くご支援のほどお願い申し上げます

今後ともよろしくご指導のほどお願い申し上げます

後付け

日付・署名・宛名

宛名への敬称の種類

・役職名のある個人　　様、先生

例：理事長　○○○○様

・法人・団体　　御中

例：社会福祉法人○○○会御中

・役職名のない個人　様、先生

・同一文章を多数宛　各位、会員各位

例：会員各位

	佐藤　太郎様
頭語………	拝啓
前文………	日差しにもようやく春の訪れを感じるころとなりました。
お礼文……	佐藤様には、ますますご健勝にてご活躍のことと存じます。
	先日は○○の件で大変お世話になり、ありがとうございました。
主文………	さて、・・・・・・・・・・・・・・・・・・・・・・・・・・
	・・・・・・・・・・・・・・・・・・・・・・・・・・・・
	・・・・・・・・・・・・・・・・・・・・・・・・・・・・
	・・・・・・・・・・・・・・・・・・・・・・・・・・・・
	・・・・・・・・・・・・・・・・・・・・・・・・・・・・
結びの挨拶…	まずは書中にて御礼申し上げます。
結語………………………………………………………	敬具
後付け……	令和○年○月○日
	田中　花子

宛名の書き方

前のページの内容をふまえて、実際に宛名をどう書けばよいか、その例を紹介します。

目上の方や改まった内容の場合は、縦書きが適しています。文字のバランスや大きさを考えながら丁寧に書きましょう。宛名は、文字が消えてしまう可能性がある、消えるボールペンなどは適しません。

なお、「親展」とは、「ご本人が自ら開けてください」という意味です。「親しみを込めて」という意味ではないので、注意が必要です。

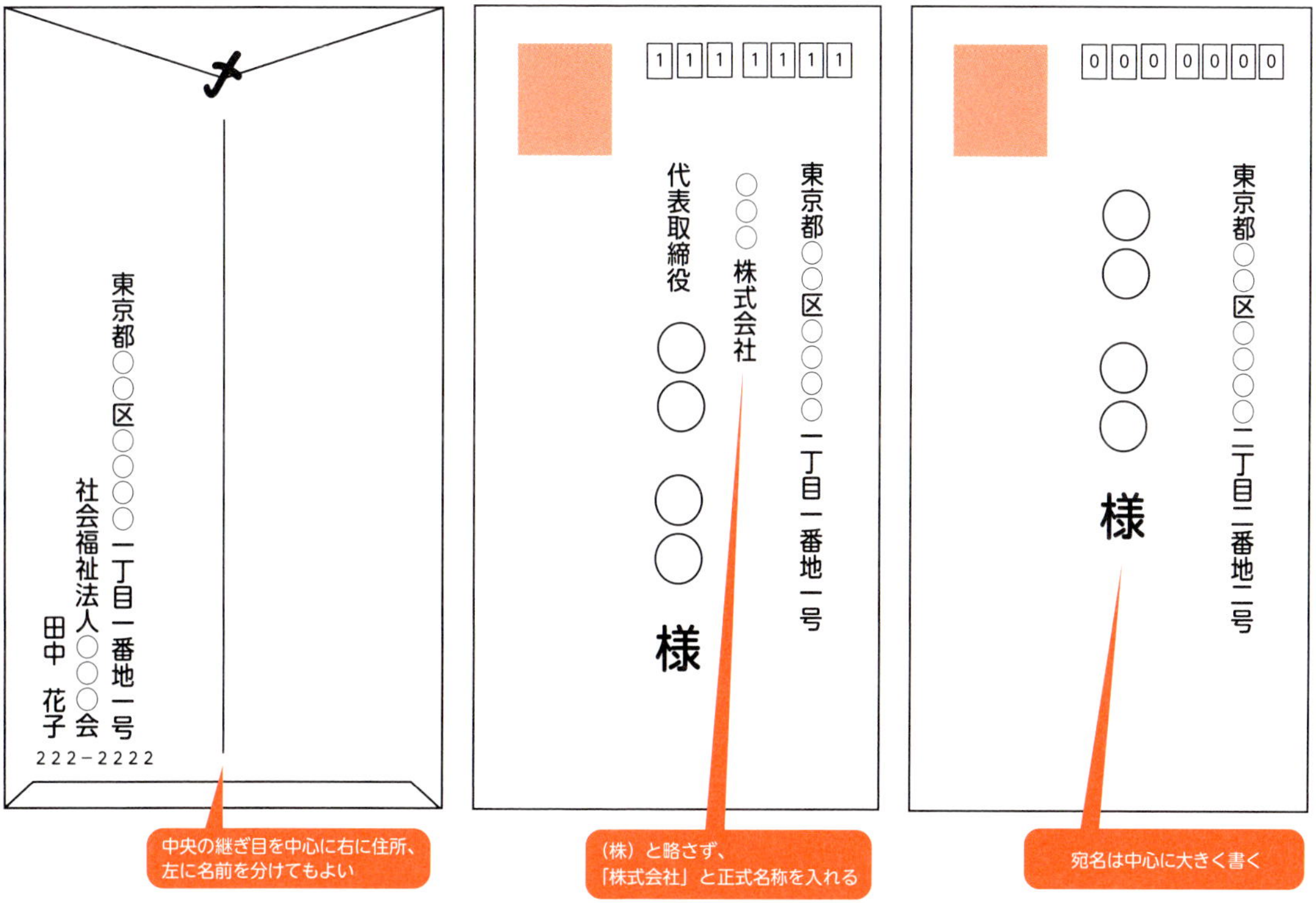

社内・社外文書の書き方

社内文書は、社内の指示・連絡・報告などで交わす文書なので、あいさつなどの儀礼的な部分は省略します。何より迅速かつ正確に伝えることが重要です。

一方、社外文書は、組織を代表して送る文書なので、誤字や脱字がないように注意します。まずは形式に慣れることが重要です。組織を代表する文書なので、送る前に上司に内容を確認してもらうことも大切です。

社外文書

①文書番号
②発信年月日

③受信者名
法人名
役職　氏名

④発信者名
住所
法人名
役職　氏名　印

⑤件名

⑥本文

頭語　時候のあいさつ　お礼文

主文

結びのあいさつ

⑦結語

⑧担当者名（連絡先）

添付書類や箇条書きでまとめるときは社内文書同様

社内文書

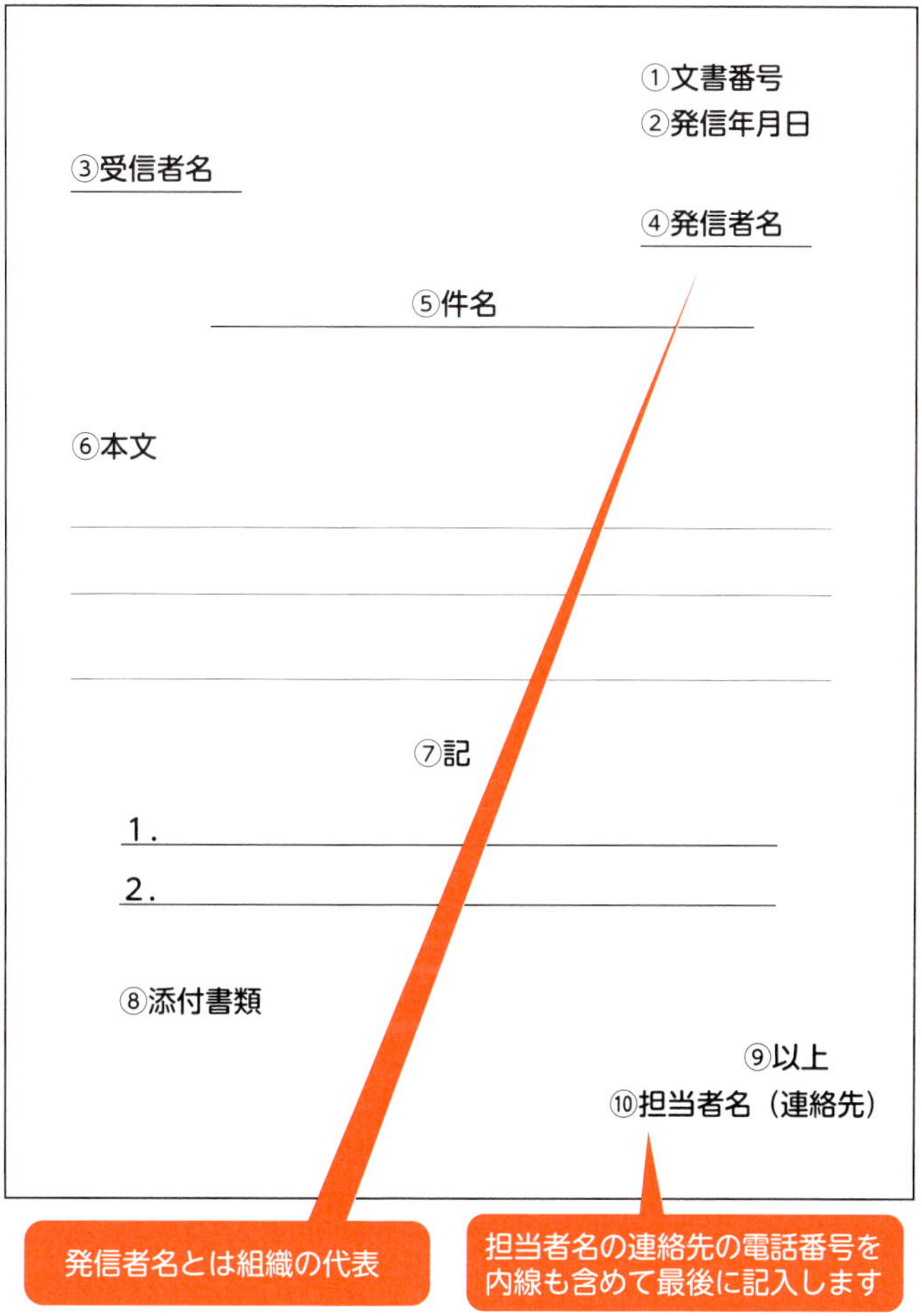
①文書番号
②発信年月日
③受信者名
④発信者名
⑤件名
⑥本文
⑦記
1.
2.
⑧添付書類
⑨以上
⑩担当者名（連絡先）
発信者名とは組織の代表
担当者名の連絡先の電話番号を
内線も含めて最後に記入します

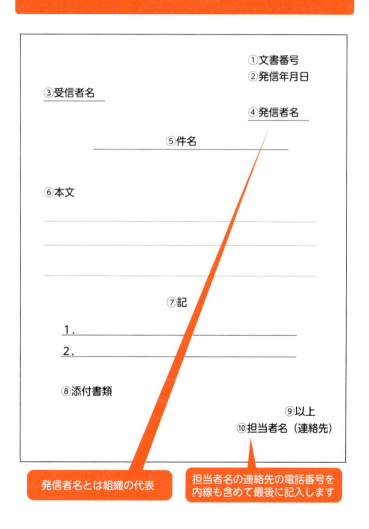

アドレスのドット（.）ひとつでも間違うと、相手に届きませんので、相手のアドレスは正確に

社外文書

宛先：x x x x@x x x x.co.jp

CC：

件名：○○○○の件について

○○○　株式会社
○○○○ 様

いつもお世話になっております。
○○○会の○○です。

－－－－－－－－－－－－－－－－－－－－－－－－－－

－－－－－－－－－－－－－－－－－－－－－－－－－－

以上、宜しくお願い申し上げます。

社会福祉法人○○○会
○○○○
x x x x@x x x x.co.jp
住所
電話

本文の最初に宛名を書きます

一般の手紙のような、時候のあいさつなどの形式的な言いまわしは必要ありません

※社内メールでは、「おつかれさまです」のあいさつが多いです

段落ごとに１行あけると、読みやすくなります

メールの最後には法人名・名前・電話番号などの入った署名を入れます

第3章

場面別に学ぶ
マナー・接遇のスキルアップ

1 利用者とのかかわり

場面1

入居したばかりで初めて会う利用者。車いすの前で担当になることのあいさつをしたところ、「感じが悪い。担当者を変えてほしい」とお叱りを受けてしまった。

マメ知識
目線とパーソナルスペース

利用者とかかわるとき、目線を同じ高さにするのが基本です。常に意識するようにしましょう。

また、目線とともに大切なのは、利用者との距離です。社会心理学には「パーソナルスペース」という用語があります。直訳すると「個人の空間」ですが、コミュニケーションをとる相手が自分に近づくことを許せる、自分の周囲の空間（心理的な縄張り）です。

たとえば、〝他人〟があまりに近くに来ると、不快な気持ちになったり、心が落ち着かなくなったりすることがあります。自分自身の占有空間の中に〝他人〟が侵入している感覚なのです。

人や相手によりパーソナルスペースの範囲はさまざまですが、一般的には、室内で対話をする場合、お互いに腕を伸ばしたくらいの距離がその範囲だと考えられます。初対面の利用者や家族から話を伺う際には、最低限この程度の距離を保つよう心がけましょう。

かかわりのポイント

特に、車いすの利用者と話をする際には注意が必要です。利用者の話を聞く際には、時には腰を落として座ったりしながら、目線の高さを利用者と同じ、もしくは低くします。目線の高さを意識するだけでも、利用者の不安を取り除き、安心感を与えることができる、話の聞き方につながります。

4つの距離帯

アメリカの文化人類学者
：エドワード・ホール

4. 公衆距離：350㎝以上

講演会や公式な場での対面のときにとられる距離です。

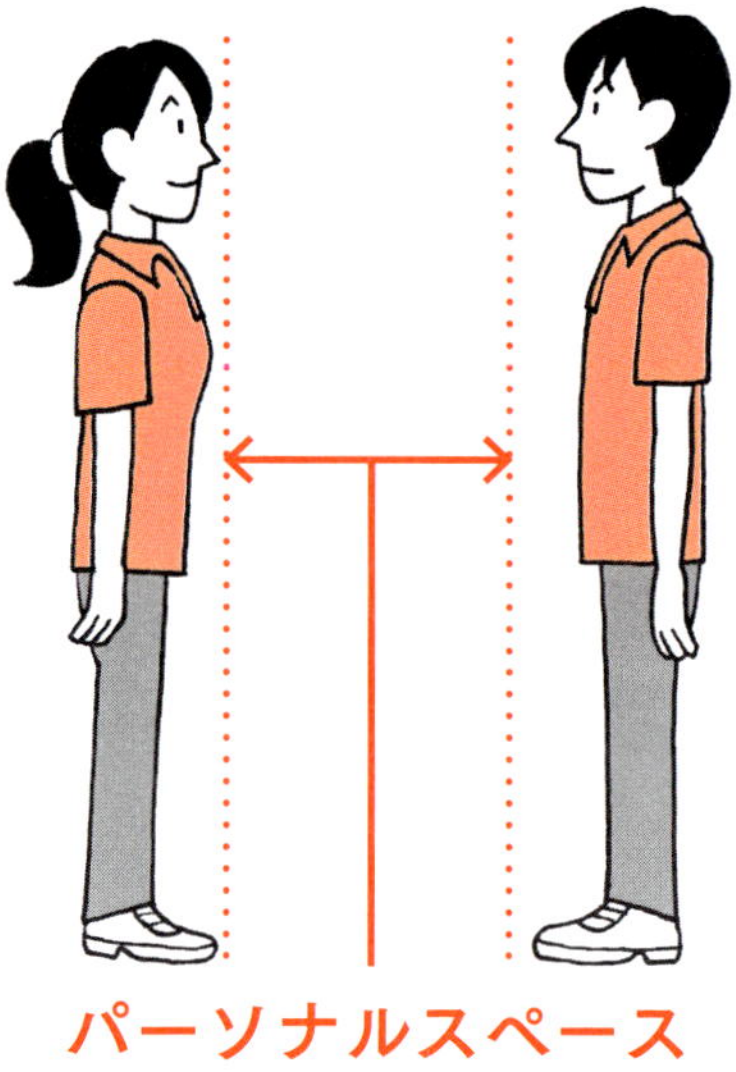

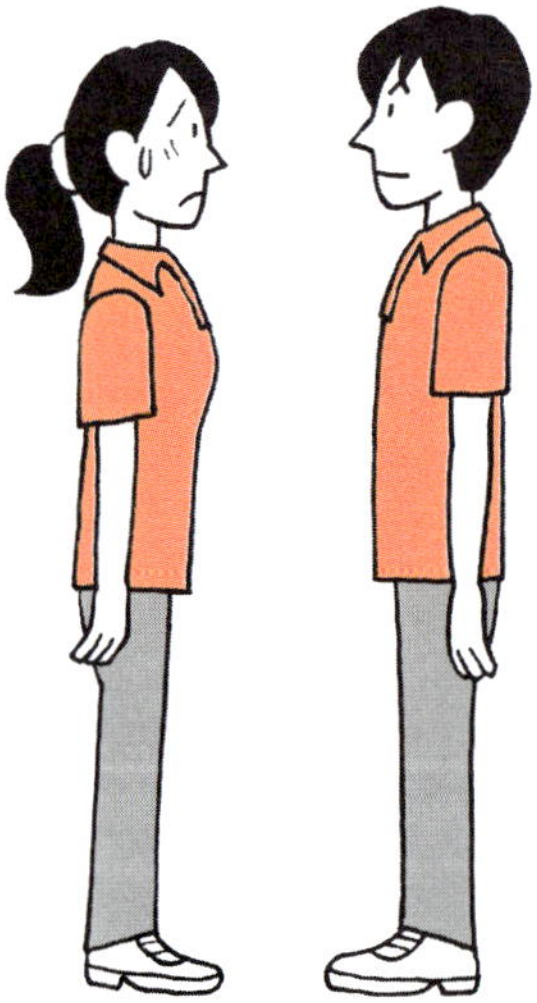

初対面で距離が近すぎると、防衛本能がはたらき、緊張感が出てしまう。

1. 密接距離：0cm～45cm

身体に容易に触れることができる距離。家族、恋人など、ごく親しい人がこの距離にいることは許されますが、それ以外の人がこの距離に近づくと、不快感を伴います。

2. 固体距離：45cm～120cm

ともに手を伸ばせば相手に届く距離。友人同士の個人的な会話では、この程度の距離がとられます。

3. 社会距離：120cm～350cm

身体に触れることはできない距離であり、あらたまった場や業務のうえで上司と接するときにとられる距離です。

場面 2

利用者のお話をお伺いする際に、後ろ手にしながら「～～ちゃん、何？」と声をかけたところ、「何でもない」と不快感をあらわにされてしまった。

かかわりのポイント

子ども扱いされたら嫌な気持ちになるのは、高齢者にかぎらず誰でも同じです。プライドが傷つきます。利用者は経験を積み重ねた人生の先輩であるということを忘れず、常に敬意をもって接するように心がけましょう。ちゃん付けやあだ名も適切ではありません。

マメ知識
閉ざされた質問と開かれた質問

子ども扱いと同じように、利用者を不快にさせることに、質問攻めがあります。こちらが知りたいからと質問ばかりしていませんか。利用者は尋問されているように感じているかもしれません。質問はその人の状況に応じて使い分けます。

閉ざされた質問

信頼関係ができていると、「興味があるからこそ質問してくれている」と利用者は好感を抱き、積極的に話をしてくれることがあります。

ただし、信頼関係を築けていても、利用者によっては思うように話せない方、口が重い方もいるので、そのときには「はい」「いいえ」で答えられるような質問をします。

たとえば、食事の好みを伺う際、「鶏肉はお好きですか」と具体的に質問をします。この質問であれば、「はい」「いいえ」で答えることができるので、利用者は負担なく話せます。これを「閉ざされた質問」といいます。口が重い方と話すときに有効です。

開かれた質問

逆に、話ができる利用者に対しては、「お好きな食べ物は何ですか」と質問をすれば、自身の好きな物をいろいろと話してくれたり、話題も広がります。この質問を「開かれた質問」といいます。

利用者が昔のことを誇らし気に話していたら、「そのとき、どんな気持ちだったのですか」と質問すれば、昔の思いを口に出して話してくれます。そして、その質問の答えを「繰り返す」のです。「楽しかった」と答えたら「楽しかったのですね」、「つらかった」と答えたら「つらかったのですね」という具合です。利用者は自分の気持ちを話し、そのことを受け入れてもらったことで心が安定するのです。

利用者がたくさん話してくれたら嬉しいですが、皆さんは限られた時間内で仕事をしているので、なかなか最後まで話を伺えないこともあるでしょう。そんなときには、「そろそろ私○○をしなければならないので、○○が終りましたらまた来ますね」などと声をかけて、話を切り上げることも必要です。

もちろん、約束したら必ず顔を出すことを忘れてはなりません。

話を聞くポイント

繰り返す

利用者が話してくれたことを繰り返すと、受け入れてもらったと感じ、心が安定します。

〈閉ざされた質問〉

どちらかで答えられる質問

はい　いいえ

肉は好きですか？

朝ご飯は食べましたか？

お茶を飲みますか？

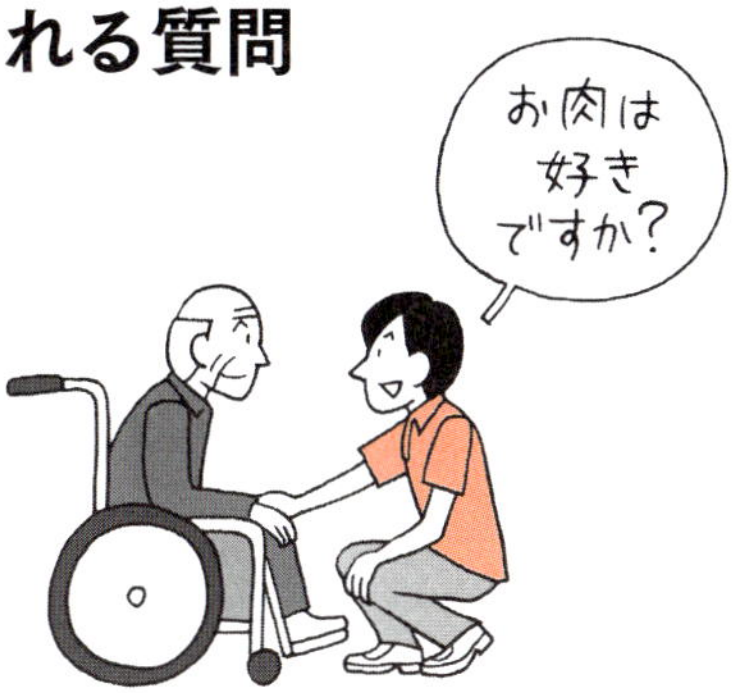

〈開かれた質問〉

- お好きな食べ物は何ですか？
そのとき、どんな気持ちでしたか？
- 相手に回答の内容を委ねる

場面 3

食事の際、マスク姿で普通に歩いて、料理を運んでいたところ、「面倒くさそうにだらだら歩いて！」「あなたが持ってくると料理がまずくなる」と叱られてしまった。

マメ知識
トレーを持つ位置

食事は利用者にとっても楽しみな時間の一つです。しかし、食事を運ぶ際、トレーを身体の低い位置で持ち運んでいると、あまりおいしそうに見えなくなってしまいます。トレーは胸の位置で持って、食事を運ぶようにしましょう。笑顔を添えるとより食事がおいしそうに見えます。

　また、急いでトレーをテーブルに置くと、汁物などがこぼれてしまいます。トレーは静かに置くことを心がけましょう。なお、コップを置くときは、小指が先にテーブルに触れるようにすると、物音が立たず、丁寧な印象を与えられます。

　利用者の食事は、介護職の態度や表情によって、楽しい時間にも苦痛の時間にもなるということを認識しましょう。

〈トレーを持つ位置〉

かかわりのポイント

表情は見られています。いつもにこやかな表情、笑顔を利用者に向けることで、安心感が与えられます。不機嫌そう、面倒臭そうな表情で、だらだらと料理を提供すれば、「まずい」と感じられても仕方ありません。
たとえマスクをしていて、利用者からは表情がはっきり見えないとしても、やさしい目で利用者と接することを心がけましょう。

場面4

先輩から「自由に声かけしてみて」と言われたが、何を話せばよいかわからず、利用者とコミュニケーションをとることに自信がない。

マメ知識
安心感を与える声かけ

利用者の不安をとり除き、安心感を与えるために、声かけはとても大切です。たったひと言でも、相手の心を温めることができ、信頼関係を築くことにつながるからです。

一生懸命に、誠実な姿勢で行った声かけであれば、たとえぎこちなかったとしても、相手の心に不快感を残しません。利用者の反応が薄くても、「嫌われてしまうのでは…」と思わずに、勇気をもって、明るく声かけをしてみてください。

心を込めて接するあなたの声は、利用者の心に響いていています。

かかわりのポイント

目線を合わせて、相手に伝わっているか確認しながら声かけをします。

場面別にみる声かけのポイント

日常場面

- 体調を確認しつつ、心配りの声かけをします。

「お変わりないですか」

「今日はいい天気ですね」

「よくお休みになれましたか」

「暖かく（寒く）なりましたね」

「ご安心くださいね」

「いつでもお声かけください」

「ご遠慮なくおっしゃってくださいね」

「お手伝いをしますので安心して任せてください」

「〇〇さん、今日もよろしくお願いします」

食事介助時

- 明るい表情と声で、食事が楽しいと思ってもらえるように心がけます。

「どれがお好きですか」

「ゆっくり食べてくださいね」

「少し食べにくかったですか」

「夕食は〇〇さんがお好きな〇〇ですよ」

「ここまで食べられてよかったです」

排泄介助時

- 利用者の立場に立ち、自尊心を傷つけないようにすることが肝要です。
- においや汚れのことには触れないようにします。

「お手洗いが空いていますので、
よろしければどうですか」

「お手洗いを済ませてから、
お部屋でゆっくりしましょう」

「大丈夫ですから心配しないでくださいね」

「寒くありませんか」

入浴介助時

- 入浴に不安を抱えている利用者も多いので、黙って介助するのではなく、
声かけをしてから介助することを心がけます。

「○○さん、お風呂の時間です」
「今日は少し冷えるので、温まっていきませんか」
「今日は暑かったので、さっぱりしませんか」
「シャワーをかけますね」
「お湯の温度は熱くないですか」
「腰を支えているので、安心してください」
「ゆっくり立ち上がりましょう」
「手を胸の前で組んでもらえますか」
「手すりにつかまってもらえますか」

※具体的にどうしてほしいかがわかる声かけをたくさんしてみましょう。

2

家族とのかかわり

場面 1

家族との面談時、施設の規則やルールを説明したところ、担当者が威圧的だったと指摘を受けてしまった。

マメ知識
効果的な目線ゾーン

この例は極端かもしれませんが、表情、言葉の語尾など、相手に与える印象には気をつけましょう。

介護職は誠実で実直な方が多く、相手の話を真剣に聞く姿勢をもっています。これは本当に素晴らしいことです。しかし、あまりにも真剣に答えるあまり、威圧的ととられることもあります。相手を見つめたまま目線を外さない方も少なくありません。これでは相手に過度な緊張感を与えてしまうので、注意が必要です。

もちろん、目を合わせず、そっぽを向いて話を聞くのは論外ですが、相手の目を凝視しすぎないことも大切です。効果的な目線ゾーンは、相手のまゆ毛から鎖骨の間です。相手に緊張感を与えないように目線を向けましょう。

また、話を伺う際には、自分自身の位置についても配慮が必要です。近すぎず、遠すぎず、安心して話ができるように工夫します。話を伺う際の利用者や家族との物理的な距離や角度は、心理面に大きな影響を与えます。

かかわりのポイント

面談時の留意点として、あまりにも真剣になりすぎて、表情や言葉の語尾がきつくならないよう、柔らかな印象で対応することが大切です。

緊張感を与えないように目線を向ける

面談時の配置例

❶

真正面すぎて息が詰まります。心理的圧迫が強い位置です。

❷

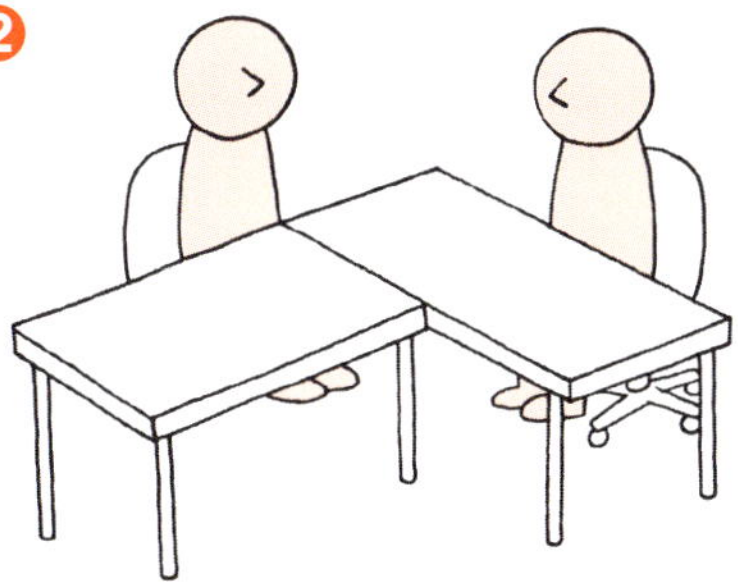

L型に座っていますので、圧迫感が緩和されます。

❸

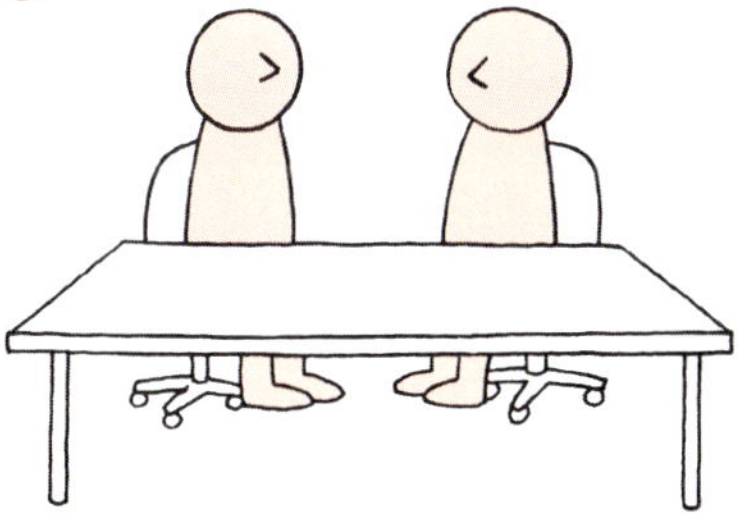

横並びで親しみが湧きますが、初対面の相手ではなれなれしさを感じ、違和感を与えてしまいます。

特に、初対面時には❷をおすすめします。また、テーブルは四角が一般的ですが、話しやすい雰囲気を演出するためには楕円形のテーブルや、座りやすいいすを用意するなどの環境づくりも必要です。

場面 2

家族に持ち物の連絡をする際、口頭で説明したが、相手にきちんと伝わっていなかった。

マメ知識
「表現力」の違い

豊かな表情を心がける

たとえ同じ内容であっても、話をする人によって、伝わり方に差が出ることが多々あります。これは「表現力」に違いがあるからです。

たとえば、つまらなそうに無表情でいたら、相手はどのように感じるでしょうか。話している内容よりも、「なぜつまらなそうなのか」「機嫌が悪いのか」「私のことが嫌いなのかしら」といろいろなことが気になり、集中して話を聞くことができません。

だからこそ話し手側は、聞き手側が不快にならないような表情や態度を意識しなければなりません。楽しく利用者と話をしたいときには、ニコニコと笑顔でいることを心がけます。

表情は相手に伝染するといいますが、険しい顔で話せば相手も険しくなり、楽しそうにニコニコしながら話せば、相手も楽しい気持ちになります。驚いたときは目を丸くして話をすれば、豊かな表情が言葉と合わさり、臨場感が聞き手に届きます。

かかわりのポイント

言葉で伝えることに加え、書面にして連絡漏れのないように気をつけます。

ジェスチャーを上手に活用する

話し手側の表現手法として、ジェスチャーがあります。ジェスチャーとは、身振り手振りのことです。政治家が演説しているとき、手のひらを有権者に見せながら話をしている姿を見たことがありませんか。これは、有権者に対して「私は何も隠していません＝うそをついていないです」という証として、手のひらをみせているのです。

「敵に手の内を隠す」という言葉があります。家族や利用者はもちろん敵ではありませんが、だからこそ、身振り手振りを加えながら話すことは、「自分が誠実であること」「相手に心を開いていること」を示しているのです。ポケットの中に手を入れたり、腕を組んだまま話をしないよう、注意が必要です。

表現を工夫する

話し上手な方は表現も工夫しています。絵を書くことが得意な方はイラストを描きながら話をしたり、言葉だけでは足りないと思えば、写真を撮ったり、目で見てわかるようにして話をします。

このように、相手とより確かな信頼関係を築くためにも、自分の表現力に磨きをかけていきましょう。

表現を工夫する

言葉では不十分だと思えば、イラストや写真なども使って説明します。

豊かな表情を心がける

ジェスチャーを上手に活用する

場面 3

利用者がけがを負ったとき、家族に言い訳したことで、大きなトラブルに発展してしまった。

かかわりのポイント

事情説明は、必ずお詫びをした後に行います。お詫びの前に事情説明を行うと、言い訳じみてしまいます。まずは、相手にしっかりと頭を下げて謝罪します。

マメ知識

１件の重大なトラブルは、その下に３００件ものトラブルに至らない事例と29件の軽微なトラブルが存在するという研究があります。大きなトラブルに発展させないようにすることが肝要です。

　クレームを言う相手の気持ちを考えることも大切です。家族は利用者を大切に思うからこそ、いろいろな感情が込み上げるのです。そうしたことに配慮し、まずは心から謝罪するようにします。もちろん、上司への報告も忘れないようにしましょう。

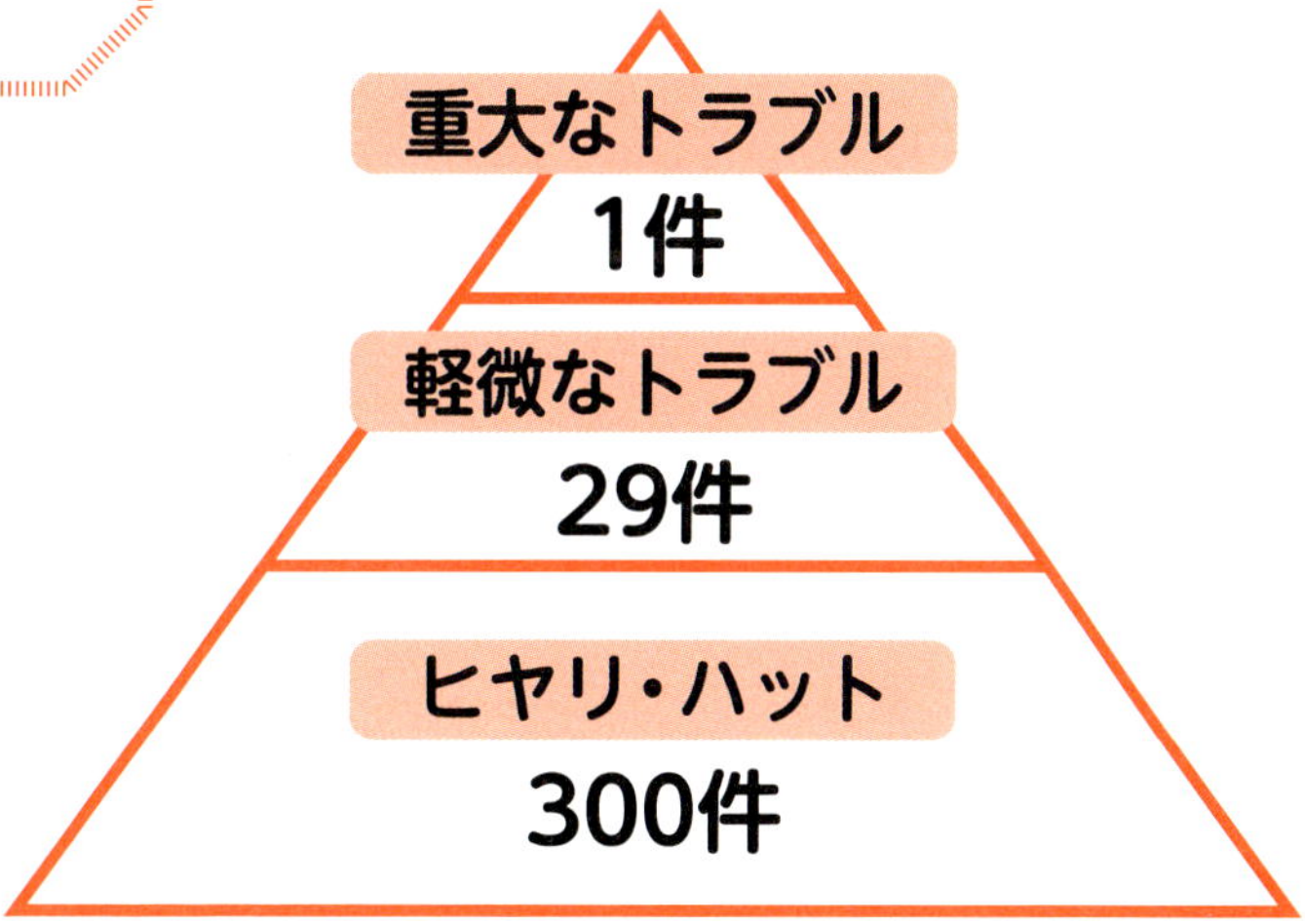

ハインリッヒの法則

米国の損害保険会社に勤務していたハーバート・ウィリアム・ハインリッヒの論文による。

工場での労働災害を分析し、［1：29：300］の割合が存在するとした。

場面 4

廊下で職員同士が会話に夢中になり、家族が帰ることに気づかなかった。後日、その家族から職員のマナーが悪いとお叱りを受けた。

マメ知識
肯定的ストロークと否定的ストローク

心理学の用語に「ストローク（stroke）」という言葉があります。他人の存在を認め、その認めたことを表す言動のことです。「なでる」「さする」という意味です。精神科医であるエリック・バーン氏が提唱しました。

相手がどう感じるかによって「肯定的ストローク」と「否定的ストローク」に分類されます。提唱者のエリック・バーン氏は「人はストロークを得るために生きている」と説いています。それほど、相手の存在を認める言動は、良くも悪くも人に大きな影響を与えるものなのです。

日頃、あなたが相手に与えているストロークは、肯定的・否定的のどちらでしょうか。相手から肯定的なストロークを得られないと、こちらからも否定的なストロークになります。なぜなら、人は無視をされると不快になるからです。

だからこそ、「相手の存在を無視しない」ことを心得ておかなければなりません。

ストロークの例

	スキンシップ	言語的	非言語的
肯定的	握手・頭をなでる・ハイタッチをする・ハグをする・背中をさする	挨拶・ほめる・励ます・話しかける	ほほえむ・話にうなずく・目を見て相手の話を聞く
否定的	ビンタ・正座させる・叩く・立たせる	叱る・注意する・反対する・悪口を言う・非難する	嫌な顔をする・目を背ける・にらむ

肯定的ストロークが得られないと否定的ストロークを得ようとする

かかわりのポイント

職員同士の関係性がよい施設は、とても好感がもてます。ただし、家族など外部からの来訪者も通るスペースでの振る舞い方には注意が必要です。そうした場で、家族を差し置いて職員同士で盛り上がっていたら、家族はどう感じるでしょうか。

たとえ、職員が勤務を終えた後だったとしても、そのことは家族には関係ありません。「無視された」と不快な気持ちになってしまうことが考えられます。

また、家族と面談中であることに気づかず、その部屋の外で職員が話している内容を家族に聞かれて、クレームに発展することもあります。

利用者とのかかわりのなかで、大きな声で話すことが癖になっていることもあるかもしれません。施設内の廊下で話す自分の声が、どのように響いて聞こえているのか、確認してみましょう。

3 職員同士のかかわり

場面1

先輩が休憩中、「休みの日は何をしていたの」と話しかけてくれたのに、そっけない態度で「別に…」と言って、先輩を怒らせてしまった。

かかわりのポイント

休みの日のことなど詳しく話したくない場合もあるでしょう。しかし、職場の上司や先輩から聞かれたことに対しては、拒否的にならず、「家でゆっくり過ごしていました」などと答えるようにしましょう。

マメ知識
場の雰囲気を和ませる会話

会話で何を話せばいいのかわからないと悩む方もいます。場の雰囲気が和む内容や、相手のことを理解するための会話を心がけるとよいでしょう。

会話の内容(例)

1.天気・天候

人を選ばない共通の話題であり、会話に参加しやすい話です。

2. 出身地

昔話や名産品、名所、旧跡、自然、方言、グルメなど広がりやすい内容です。

3.食べ物

食べ物の話は誰も傷つかない日常的な話題です。

4.テレビ

ニュースやスポーツ、ドラマなど日常的な共通の話題です。

5.失敗談

自分自身の失敗談を話すと場が和みます。ただし、あまりに大きい失敗を話すと、相手も不安になるので、笑えるような小さい失敗を話すことをおすすめします。

相手が男性の場合、論理的な内容構成で話されることを好む方も多いです。これは「起承転結」で構成します。場合に応じて、「感嘆詞」（すごーい！）（わ〜い！）（おいし〜！）（いいな〜！）など素直な気持ちを、話の内容に盛り込むと、会話が弾みます。

起承転結を意識する

起 **話のきっかけ**
「こんなことがありました」

承 **情報の補完、具体例**
「ちなみに」「言い換えれば」

転 **別の観点**
「一方で」「別の例で」

結 **結論、主張**
「やはり」「結局は」「考えてみると」

場面2

一緒に働いている同僚の悪口を、休憩中に話していたところ、それが本人に伝わってしまった。

マメ知識
ストレスコントロール

日々働いていれば、ストレスもたまります。いかにストレスをコントロールできるかが鍵となります。そのためには、オン・オフのスイッチをもつことが大切です。

車と同じように、人も定期的な点検とオイル交換が必要です。自分自身をよみがえらせるためには、一休みして元気を取り戻すための時間、リラックスして緊張をほぐす時間が欠かせません。自分に合ったストレスコントロールを見つけましょう。

また、健康管理は社会人において基本となります。病気にならないようにするためには免疫力を上げることが大切です。

職場の人間関係が悪くなるとストレスがたまり病気になりやすくなります。自分自身の健康のためにも、職場の人間関係を良くする努力が必要です。

そのためには、日頃から人をほめる習慣を身につけます。

かかわりのポイント

同じ職場で働いているスタッフは、共通の目的をもった仲間です。チームワークを高めなければ、利用者や家族からの支持は得られないので、お互いの立場を尊重しながら働くことが大切です。

免疫力を高める方法

1. 規則正しい生活

（睡眠時間を確保しましょう）

2. バランスの良い食事

3. 適度な運動

4. 身体を冷やさない

5. よく笑う

相手を「ほめる」ポイント

レベル1　相手を評価(称賛)する

相手の雰囲気に関することの称賛

相手の行動に対することの称賛

「さすがですね」「素晴らしいですね」

「すごいですね」「天才ですね」「尊敬します」

「憧れます」

レベル2　自分の気持ちを表現する

自分の気持ちを伝えること

「一緒に働けてすごく嬉しいです」

「○○さんと同じチームで幸せです」

場面3

家族からのクレームを上司に報告しなかったことで、
さらに大きなクレームに発展してしまい、
上司に迷惑をかけてしまった。

マメ知識
クレーム対応カルテ

クレームに対して自分の判断で対応すると、それが大きな問題に発展してしまうことがあります。

また、トラブルが生じたときは、再発防止に向けて、書面に残してスタッフの共通認識にすることも大切です。どんなに小さいクレームであっても、「クレームの内容」「対応方法」「経緯」「結果（最終的にどのように終わったか）」などをまとめて記録した「クレーム対応カルテ」の作成をおすすめします。

一つひとつの情報を積み重ねると、自分の組織に特化したクレームのデーターベースが完成し、再発防止と新人教育にも役立ちます。

なお、理不尽な要求や言動は、経験の浅いスタッフが攻撃の対象となることが多くあります。一人が背負うのではなく、連携するしくみをつくりましょう。

クレーム対応カルテ記入例

【お客様情報】

氏名	○○○○　様
住所	〒○○○-○○○○　○○県○○市○○町○-○-○
電話番号	○○-○○○○-○○○○
その他	今回初めての利用

【クレーム内容】

お申し出（内容）	1/20ショートステイ時、口腔ケア後の歯ブラシがまとめて置いてあり、衛生的ではなかった。何もかも気に入らなかったとの電話あり（ご立腹の様子）
事実確認	歯ブラシはすべて消毒済である

【クレーム対応の経過】

1/20	○○様がショートステイをご利用になる
1/21	電話にて上記お申し出（スタッフの○○が対応）
1/21	ご不快な思いをされたことに対し謝罪 今後、改善策を講じることを伝える 上司に相談をする
1/23	スタッフ会議を開催 改善策を協議する
1/24	○○様にご連絡し改善策を提示し、改めて謝罪した上 ご指摘いただいたことに感謝の気持ちを伝える（担当○○）

【今後の改善点】

・歯ブラシの消毒の手順を変更
・利用者の立場で考えることを徹底

かかわりのポイント

大きな問題に発展しないようにするためにも、日頃から上司に対して報告・連絡・相談を徹底します。

場面 4

外国人の職員にあいさつをしても、返してくれません。言葉が通じないこともあるし、これから一緒に働けるのかが不安です。

マメ知識
習慣の違い

日本人にとっては、あいさつをするのが当たり前ですが、あいさつの習慣がない国もあります。あいさつをしてくれなくても、わざとしないのではなく、習慣がないだけかもしれません。ショックを受けず、「日本はこういった（あいさつ）の文化があるけれど、〇〇（外国人の出身国）ではないのですか？」と、まずは相手の立場に立って聞いてみましょう。

そして、日本ではまずあいさつから始めることを伝えます。同一民族の割合が高く、島国社会で数千年に及ぶ歴史を有する日本は、長い時間をかけて互いのメッセージをくみ取る能力を身につけるようになり、どの国よりも「空気を読む」文化が深く根づきました。

日本人同士のように「空気を読む」ことを求めず、当たり前と思われるものであっても、あらかじめしっかりと説明しておくことが必要です。

異文化を学べる機会とプラスにとらえる

また、報連相（報告・連絡・相談）も仕事をスムーズに行ううえでとても重要ですが、外国では仕事においてその習慣がない国も多くあります。

報連相を伝える際は、報告は「過去のこと」、連絡は「現在のこと」、相談は「未来のこと」といった時間軸で説明するとわかりやすいでしょう。

文化・習慣、言葉も違う他国で働くことを想像すれば、相手のほうが不安な気持ちで、心細くなっていることは理解できるはずです。せっかくの機会ですので、異文化を学べる機会と考え慈愛の心でかかわりましょう。

かかわりのポイント

<わかりやすい日本語を使う>

よくいわれることですが、日本語は習得の難易度が高い言語です。ひらがな、カタカナ、漢字から始まり、さらに、仕事中によく使う介護用語などもあります。

ゆっくり、はっきりと、短い文をつないで、わかりやすい日本語を使うことを意識します。一般的な日本語学習では、「〜です」「〜ます」の丁寧語で学習するため、慣れるまでは丁寧語に統一して話すことをおすすめします。

<正しく伝わったのかを確認する>

話の内容が伝わったのかを、丁寧に確認します。単純に「わかりましたか？」と聞くのではなく、「今伝えた内容を繰り返してもらえますか？」と相手の理解度を確認します。

※多言語翻訳機やスマホの翻訳アプリを活用すると、コミュニケーションを図る手助けになります。今後のこともあるので、目で見てわかるように、写真や動画の準備をしておくと安心です。

<習慣の違いを理解する>

習慣の違いについては、育った環境が違うのですから当たり前のことです。文化・習慣の違いをお互いに正しく理解し、相手を尊重し合うことが必要です。

特に宗教に関しては、日本人以上に多様で、一緒に働くうえでその理解が欠かせません。信仰している宗教によっては、食べてはいけないものや、お祈りの時間が必要になることもありますので、配慮が必要です。

おわりに

私はこれまで長きにわたり、相手を不快にさせないこと(マナー)、心を込めて接すること(接遇)の大切さ、おもてなしの心を伝えて参りました。

本書のタイトルにある「入門」の一般的な意味は、「学問・技芸などを学びはじめること」です。はじめて介護職に就く方にも、わかりやすくマナー・接遇を学んでいただけるように執筆しました。また、仕事で一番怖いのはマンネリ化することです。経験を積んできた皆さんには、基本を改めて学んでいただき、気づきを得られるきっかけにしていただければと考えました。

「学べば学ぶほど自分が何も知らなかった事に気づく

気づけば気づくほどまた学びたくなる」

――アルベルト・アインシュタイン(物理学者)

私事となりますが、コロナ禍に父の介護が重なりました。大変な状況のなか、心を込めて接してくださった皆さんに、尊敬の念と感謝の気持ちで一杯です。

コロナ禍を経たからこその気づきも、本書に込めています。

このように、私には大切なことに気づかせてくれる環境に恵まれています。僭越ですが、まずは母。心の在り方を示してくださる篠原勤師匠。どんな時でも笑顔で支えてくれる上田弥生先生。人生の先輩として希望を与えてくださる晶子相談役。そして、単行本化にご尽力いただきました「おはよう21」編集長の国保昌様、ご担当していただいた郡啓一様、編集部・営業部の皆様へ、心より感謝申し上げます。

本書が皆さんの、学びと気づきの一冊になることを願って。

著者プロフィール

古川智子（ふるかわ・ともこ）

株式会社さくらコミュニケーションズ 代表取締役
一般社団法人日本おもてなし推進協議会 理事長

「接遇・おもてなし」セミナーの先駆者。開催実績は全国47都道府県の自治体、企業、介護施設で3000回を超す第一人者。東京五輪2020では「おもてなし」基調講演の主幹講師を務める。

テレビ・ラジオ、各種メディアへの出演、番組制作に協力も行う。

著書に『100%仕事が成功するおもてなしの習慣』（総合法令出版、2014）。その他、介護者からの多数の相談、経験をもとに、医療・介護業界誌への執筆も数多く行っている。

押さえておきたい基本がわかる
介護職のためのマナー・接遇入門

2024年9月10日　発行

著　者　　古川智子
編集協力　中央法規出版「おはよう21」編集部
発行者　　荘村明彦
発行所　　中央法規出版株式会社
〒110－0016
東京都台東区台東3－29－1 中央法規ビル
TEL 03－6387－3196
https://www.chuohoki.co.jp/

装丁・本文デザイン　isshiki（松田喬史）
DTP　isshiki（小波津 静香）
イラスト　ケン・サイトー
印刷・製本　日経印刷株式会社

定価はカバーに表示してあります。
ISBN978－4－8243－0112－3

本書の内容に関するご質問については、下記URLから「お問い合わせフォーム」にご入力いただきますようお願いいたします。
https://www.chuohoki.co.jp/contact/

A112